Jörg Zink

Die Quellen der Gelassenheit

Jörg Zink

Die Quellen der Gelassenheit

KREUZ

MIX
Papier aus verantwortungsvollen Quellen
FSC® C106847
www.fsc.org

Neu bearbeitete, erweiterte Ausgabe
des 2004 erschienenen Titels

www.kreuz-verlag.de

Umschlaggestaltung: agentur Idee
Umschlagmotiv: © fbxx71 – Fotolia.com

Satz: de·te·pe, Aalen
Herstellung: fgb · freiburger graphische betriebe
www.fgb.de

Printed in Germany

ISBN 978-3-451-61341-8

»Wenn ich das Meer ansehe
mit seinen Ungeheuern,
den Schreckensgestalten,
die aus der Tiefe drohen
– die hast du, Gott, gemacht,
um mit ihnen zu spielen.«

Psalm 104,25–26

Inhalt

Ein Traumziel wählen

Es ist nun dreißig Jahre her, dass ich in den »wohlverdienten Ruhestand« trat. Damals wünschte ich mir, es läge nach langen Jahrzehnten der Unruhe und des steten Unterwegsseins eine Zeit des gelassenen Friedens vor mir. Der Reisen, Sitzungen und Termine werde ein Ende sein, das Telefon werde vornehme Zurückhaltung üben und die Besucher würden sich auf die freundlichen und angenehmen beschränken. Ich stellte mir vor, nun würde ich in Frieden vor dem Haus sitzen, auf einer Bank, zusammen mit meiner Frau, und die Abendsonne genießen. Endlich werde in meine gejagte Seele Ruhe einkehren und eine Altersweisheit voll gelassener Ausgeglichenheit.

Hat man sich das Altwerden nicht seit Urzeiten so oder ähnlich gedacht? Waren es nicht von jeher die alt gewordenen Frauen und Männer, von denen die anderen erwarteten, dass sie dem Getriebe und Gelärme in ihrem Dorf oder in ihrem Land in Gelassenheit und abgeklärter Weisheit zuschauen und hin und wieder einen freundlichen Rat aus langer Erfahrung geben würden?

Vor Jahren hatte ich Gelegenheit, mit dem Dalai Lama zu Tisch zu sitzen. Freundlich lächelnd, gelassen, schweigsam, ab und zu locker plaudernd, so saß er mir gegenüber. Und dabei unendlich fremd. Anders. Eine liebenswürdige Stille ging von ihm aus. Vor dem Essen war von den Wirrungen und den Katastrophen in der politischen Welt die Rede gewesen. War nach alldem so viel weltentrückte Gelassenheit möglich? Berührte diesen Mann noch irgendetwas wirklich? Doch, ja. Es war ihm alles wichtig. Aber gibt es das? Einen inneren Frieden, der nicht dadurch entsteht, dass man sich vom Weltgeschehen abwendet? Eine Ruhe, die nicht darin besteht, dass einer sich von dem Unglück distanziert, das die Menschen um ihn her erleiden?

Neben dem Frühstücksgedeck liegt die Zeitung vom Tag. Terrordrohungen. Streit im Bundestag. Gewalttat irgendwo. Weltpolitischer Machtkampf. Geldgeschäfte. Arbeitslosigkeit. Betrügereien. Große Worte. Selbstdarstellungen. Werbung für Dinge, die niemand braucht. Jeden Morgen das Gleiche. Ab in den Papierkorb! Weiß ich es nicht längst alles auswendig? Die Folge in den Menschen? Sorge, Widerwille, Teilnahme, Ratlosigkeit, Resignation, Flucht in Konsum und seichte Vergnügungen, Abwehr, vielleicht sogar Hass. Aus solchen und ähnlichen Reaktionen strickt sich danach das öffentliche ebenso wie das private Leben zusammen. Und morgen? Dasselbe.

Wir lesen, was in der Welt geschieht, mit den Augen von Christen oder den Augen von Leuten, die gerne Christen wären. Haben wir andere, weiterführende, friedlichere Wege? Unser christlicher Glaube spricht zu uns unruhigen und ewig tätigen Menschen des Abendlands durchaus vom »inneren Frieden«. Ein Psalm sagt: »Frieden ist in meiner Seele.« »Ich liege und schlafe ganz im Frieden.« Die Weihnachtsgeschichte verkündet: »Friede auf Erden.« Jesus sagt: »Frieden lasse ich euch. Frieden gebe ich euch.« Ein Apostel: »Der Friede Gottes regiere in euren Herzen.«

Als ich die Zeitung zusammendrückte, gingen mir solche und ähnliche Worte durch den Sinn. Ich habe für mich selbst noch nicht erreicht, dass nichts meinen inneren Frieden mehr zu stören vermag. Ich will immer noch viel. Ich fasse Pläne und sorge mich, wie ich ihnen gerecht werde. Mich bewegt tief, was in dieser Welt und unter den Menschen getan und gewollt, gelitten und entbehrt wird. Mich geht die blutige Spur, die Unrecht und Gewalt über diese Erde ziehen, noch immer an. Ich kann zugleich auch wissen, dass Mühe und Kampf nur dann zu einem guten Ende führen, wenn ihr Hintergrund und ihre bewegende Kraft eben jener Friede ist, der nach außen hin in gelassenem Tun wahrnehmbar wird. Ich bin, das ist deutlich, ein westlicher Mensch mit seiner Unruhe und seinem Tätigkeitsdrang. Was kommt in der Weise, in der ich lebe, zum Ausdruck von diesem inneren Frieden?

Denn darum geht es ja. Im Ernst. Woher nehmen wir die Kraft, woher das Stehvermögen, in allem, was uns begegnet, die zu bleiben, die wir doch sind: Menschen, die sich geführt wissen, getragen und gesegnet? Christen eben. Wissen wir, auf welchem Grund wir stehen, oder lassen wir uns vom allgemeinen Gelärme verschlingen? Wissen wir es, dann können wir die Morgenzeitung wieder aus dem Papierkorb holen. Dann nehmen wir teilnehmend und barmherzig zur

Kenntnis, was da mitgeteilt ist. Wir gewinnen die Balance in uns selbst zwischen Frieden und leidenschaftlicher Beteiligung. Ist es schwierig, sie zu finden? Ganz gewiss. Ist es möglich? Wenn unser Glaube uns die Wahrheit zeigt über uns selbst und über das Geschehen in der Welt, muss es möglich sein. Ist es erreichbar? Wenn für uns irgendetwas gelten soll, das größer und wichtiger ist, als wir selbst es sind, muss es erreichbar sein und dann muss die Weise, wie wir leben, dieses Größere sichtbar ausdrücken.

*

Wir saßen einmal in geselliger Runde, als jemand aus den Sprüchen Salomos zitierte:

> »Ein gelassener Sinn gibt dem Leib
> lebendige Kraft,
> aber sich wirbeln lassen
> ist Wurmfraß im Gebein.«

Alles lachte. Recht hat er, der alte Weise. Darauf der Einwand: So konnte man früher reden, in der ruhigen, guten alten Zeit, als die Welt klein und übersichtlich war. Ein anderer: Aber wir sind doch auch alle von früher. Karl Valentin hat gesagt:

»Heutzutag wird kein Mensch mehr alt.
Die heut alt sind, die sind alle von früher!«

Gelächter. Und wirklich, wir sahen uns an: Wir alle hatten die Vierzig lange hinter uns.

Gut. Ich habe nichts dagegen, wenn einer sagt, ich sei mit meinen über neunzig Jahren »von früher«. Wenn der alte Salomo recht hat, dann galt der Spruch früher, dann gilt er heute und vermutlich noch lange auch in der Zukunft. Wie arm wären wir, wenn wir das, was unserem Leben Stand und Halt und Sinn gibt, mit unseren heutigen Mitteln erfinden müssten!

Es war ein langer Weg, von dem ich erzählen müsste. Schon mit drei Jahren stand ich ohne Eltern da und erlebte danach mein Leben und die ganze Welt als eine fremde, ja feindliche Veranstaltung. Ich wurde ein renitenter Schüler, und als junger Mann musste ich mich gegen den Ungeist eines totalitären Staates und eines Krieges behaupten. In mir wuchs der Widerstand gegen jeden, der mir vorschreiben wollte, wie ich zu sein und was ich zu tun hätte. Ich wollte nichts anerkennen als das, was ich selbst bewährt fand, und nur Ziele ins Auge fassen, die mir lohnend schienen. Das hatte ja Sinn. Ein eigener Wille steht zumal einem jungen Menschen wohl an, auch wenn dies eine hoffnungslose Selbstüberforderung einschließt. Aber danach ging es um ein mühsames Lernen. Es ging um die Frage: Wenn ich an dieser Welt etwas verändern will, wie kann ich zu einem Streiter für die Wahrheit werden, der gleichwohl keine Feinde hat? Ein klarer eigener Mensch, der im Frieden lebt mit den Menschen und mit seiner Welt? Was ist dazu notwendig außer der eigenen

Entschlossenheit? Müsste ich nicht etwas wissen über den eigentlichen und wahren Sinn meines Lebens überhaupt?

Unsere gegenwärtige Welt ist voller Angebote. Von unzähligen Seiten her werden Wege der Einübung gezeigt. Viele gehen sie oder versuchen, sie zu gehen. Viele kommen damit zurecht. Andere scheitern. Aber was kann ich finden vom Sinn meines Lebens, wenn ich in mich selbst einkehre? Vom Sinn der Menschengeschichte auf dieser Erde? Was kann mir einer, der etwas weiß, über Gott sagen?

Worauf es mit meinem Leben am Ende hinauslaufen soll, das werde ich in mir selbst nicht finden. Niemand ist sein eigener Arzt für alle Fälle und auch nicht der Bringer des eigenen Glücks. Niemand ist allein lebensfähig. Wenn ihm ein großes Glück widerfährt, dann findet er unter den Menschen den einen oder anderen, der mehr weiß als er selbst, vielleicht gar eine Meisterin oder einen Meister, die einen Weg wissen. Die Menschheit ist eine Lerngemeinschaft. Ich selbst bin in jungen Jahren einigen Meistern begegnet und ich bewahre ihnen eine tiefe Dankbarkeit bis zum heutigen Tag. Ja, einem Meister zu begegnen, darauf käme es an. Und zu hören, was er zu sagen hat. Es wäre ein Anfang.

Freundliche Nähe annehmen

Noch in den erregten Jahren, als ich im Strudel eines Krieges mitgerissen wurde und mich bemühte, über Wasser zu bleiben, herauszufinden zum Beispiel, wer ich denn eigentlich selbst sei und wozu es mich gebe, was der Sinn von all dem Grauen sei und was es vielleicht mit Gott – falls es ihn geben sollte – auf sich habe, als der Lärm der Phrasen und der Lügen mir in den Ohren lag und ich bemüht war wegzuhören, begann ich, eine mir bis dahin unbekannte Stimme zu hören, die sehr anders sprach und aus großer Ferne, leise und eindringlich. Eine Stimme, in der viel Leidenschaft mitklang, eine unbekannte Klarheit und ein weltentrückter Friede. Sie sagte mir durchaus anderes, als was ich als Kind über den christlichen Glauben gelernt hatte, sie sprach auch an ganz vielem vorbei, was ich als junger Mensch an Christen und Kirchen erlebte.

Wenn das gilt, was ich da höre, so wurde mir klar, dann besteht christlicher Glaube nicht in einer Lehre oder einem Dogma oder einer Moral. Nicht in den Weisungen einer Kirche, nicht in einer noch so gedankenreichen Überlieferung. Aber worin dann? Genau besehen: nur in der fernen, einsamen Gestalt, deren Stimme da zu mir drang. Das Besondere des christlichen Glaubens – das hat sich mir in den seither vergangenen Jahren immer klarer gezeigt – ist nichts, wirklich gar nichts als die schmale Gestalt jenes Jesus, der vor zweitausend Jahren in einem abgelegenen Landstrich des Nahen Ostens gelebt hat. Nichts, das man sich inzwischen über ihn ausgedacht hat, ist von letzter Wichtigkeit. Wichtig ist, was uns von ihm selbst her erreicht. Was er den verängstigten und ausgebeuteten Menschen seines Landes gesagt hat, den ratlosen, den verlassenen. Was man inzwischen als die Wahrheit dieses Glaubens formuliert hat, muss nicht falsch sein. Aber es ist zweitrangig. Vieles davon entbehrlich.

Eigentümlich unantastbar steht er vor uns in jener unruhigen und gewalterfüllten Welt seiner Zeit. Nichts konnte er ihr entgegensetzen als seine Verletzlichkeit, seine hingebende Güte, die Kraft seines Geistes und seines Herzens und die eigentümliche Leuchtkraft seines Wortes. Durch ein langes Leben hin habe ich seit meinem ersten Hören versucht, ihn zu verstehen. Zuerst wurde alles immer schwieriger, komplizierter, mühsamer. Am Ende wird alles immer einfacher. Ich sehe ihn, wie er unter die Menschen tritt, um sie aus ihren Zwängen zu befreien, ihre Ängste von ihnen zu nehmen, ihre Lasten, ihre Gehetztheit, ihr Versagen und Verschulden, und sie zu ihrer eigenen, eigentlichen Gestalt aufzurichten.

Durch all das hindurch, was ich mir im Laufe der Zeit an Gedanken über ihn gemacht habe, durch alles hindurch auch, was ich über ihn in unzähligen dickleibigen, tiefsinnigen Büchern zu lesen bekam, fand ich am Ende eine einfache Szene, die mir alles abzubilden scheint: Was er wollte, was er an den Menschen tat, wie er mit ihnen umging und was er ihnen mitgab. Alles, was wir mit unserem christlichen Glauben meinen, spiegelt sich in ihr. Seit ich sie sehe, interessiert mich vieles nicht mehr, über das man in Jahrhunderten gestritten hat und über das man bis zum heutigen Tag streitet. Im Grunde brauche ich nichts zum Leben und zum Sterben als das, was in dieser unscheinbaren, scheinbar nebensächlichen Szene aufscheint an Wahrheit, an Freiheit und an Frieden. Was geschieht da?

*

Ich sehe Jesus irgendwo in einem Dorf auf der Straße stehen und mit den Menschen reden. Ich sehe, wie einer ihn zum Essen in seine Hütte einlädt und Jesus mit ihm geht. Wie nun einige oder auch viele mit ins Haus drängen und Jesus die Tischrunde zu einem fröhlichen Fest versammelt. Ich höre ihn sagen: Was wir hier feiern, ist das Fest einer Hochzeit. Einer Hochzeit zwischen Gott und den Menschen. Wir feiern das Ziel unseres Menschenlebens: die Gemeinschaft mit Gott in seinem Reich. Wir feiern ein Leben auf dieser Erde in Frieden und Gerechtigkeit, wie wir es gestalten wollen, vorweg. Und dann deutet er ihnen in seinen kurzen, anschaulichen Geschichten, wer sie selbst seien. Mir wird dabei klar: Hier ist der eigentliche Herzschlag des christlichen Glaubens zu tasten.

Das Kennzeichen der Wirksamkeit Jesu war die Zuwendung zu den Belasteten seiner Zeit auf der untersten Sohle ihres Elends. Er sah sie ausgenützt und überfordert und sagte ihnen: »Kommt! Ich will euch eure Last abnehmen. Richtet euch auf! Fasst Mut! Nehmt es mit dem Leben auf.« Er sah die Kranken, Leidenden und Gestörten und sagte ihnen: »Kommt! Ihr sollt heil werden!« Er sah die Gelähmten und sagte: »Kommt! Ihr könnt stehen!« Er sammelte nicht nur die Frommen und die Gerechten, sondern auch alle, die nicht zurechtkamen mit ihrem Leben, die moralisch ins Abseits geraten oder politisch missliebig waren. Die Abhängigen, Abseitigen, Verachteten, die auf irgendeinem krummen Weg versuchten, aus dem Elend ihres Lebens das Erträglichste zu machen, und die dabei in Konflikt gerieten mit Sitten, Gesetzen oder religiösen Regeln.

Was tat er dabei mit ihnen? An ihnen? Was hat er in ihnen in Bewegung gesetzt? Was nahmen sie mit, wenn sie später wieder auf der Straße standen?

*

Ein Erstes, das er an ihnen tat, war, sie dort abzuholen, wo sie standen. Sie galten als korrupt oder haltlos, brutal oder habsüchtig, lieblos oder verkommen. Sie waren aufgrund eines »bösen« Verhaltens von der Gesellschaft der »Guten« getrennt. Jesus gibt aber diesem ihrem Getrenntsein nun einen neuen Namen. Er sagt nicht, sie seien verkommen, sie seien Schurken, sondern sie seien »verloren«. Damit sagt er aber durchaus nicht, was die christliche Sprache später unter »verloren« verstand, nämlich sie seien verdammt in alle Ewigkeit. Nein, Jesus sagt: »Wir finden sie nicht. Wir wissen nicht, wo sie sich aufhalten.« Der verlorene Sohn seiner berühmten Geschichte ist nicht böse, er ist »vermisst gemeldet«. Adresse unbekannt – das ist es. Es geht also darum, ihn zu suchen. Er steht vermutlich irgendwo verlassen herum in der Wüste seiner Seele. Er weiß keinen Weg. Er sieht niemanden. Keiner findet ihn. Er ist »verloren gegangen«. Dabei ist charakteristisch, dass Jesus sich mit einem Hirten vergleicht, der ein verlorenes Schaf in der Wüste sucht und sucht, bis er es findet. Die erste Hilfe erleben die Gäste Jesu also dadurch, dass sie von einem gütigen Menschen gefunden werden.

Damit sagt Jesus ihnen: Du bist gesehen. Gott nimmt dich wahr. Er schaut aber nicht auf dich wie ein Aufseher oder Untersuchungsrichter. Er sieht dich als einen, den er liebt. Diese Liebe ist unbestechliches Wissen, das doch nicht verachtet, nicht verstößt, nicht erniedrigt. Weil Gott groß ist und seine Größe Liebe ist, darum ist es gut, dass er alles sieht. Liebe sagt: Ich kenne die Stellen, an denen du schwach bist, darum will ich dort stehen und dich halten. So, wie du bist, bist du unentbehrlich und unersetzlich.

*

Das Zweite, das Jesus an den Menschen tat, war, dass er sie entlastete. Wenn einer von ihnen unter die Tür kam, gab Jesus ihm zu verstehen: Du bist eingeladen. Lass alles fallen und liegen, was dich bedrückt. Deine Konflikte, deine Schwierigkeiten, deine Fehler, deine Untaten, deine Bosheiten, deine Unfähigkeit zu lieben. Lass alles liegen, hier, vor der Tür. Deine Selbstgerechtigkeit und deine Ausreden, auch deinen Jammer, dein Elend, deine Einsamkeit. Lass alles hinter dir. Du bist mein Gast. Und hatte sich einer von den Gerechten und den Gesicherten in die Runde eingefunden, dann sagte er etwa so zu ihm: Du bringst zu viel mit. Bei uns brauchst du viel weniger. Wir fangen nichts an mit deiner sozialen Stellung. Lege sie ab. Anderswo mögen deine Leistungen wichtig sein, nicht bei uns. Deine Ehre, deine Würden, deine Korrektheit haben vielleicht anderswo ihren Sinn, nicht bei uns. Lass alles liegen und komm mit leeren, freien Händen. Du selbst bist es, der unser Gast ist. Du darfst vertrauen. Glücklich sein. Du bist, ohne all das, was dich wichtig macht und bedeutend, ein Mensch nach dem Herzen Gottes.

Jesus sah die vielen Aufgegebenen, von denen die Gerechten und Geordneten nichts mehr erwarteten, und er sprach von der Neugeburt schon erledigter Menschen aus der schöpferischen Güte Gottes. Wer zu ihm kam, brauchte nicht nachzuweisen, dass er sich geändert hatte, sondern empfing die Kraft, sich zu ändern, und wenn er ging, entließ Jesus ihn mit dem Wort: Geh in Frieden! Schau voraus! Dein Weg führt weder ins Dunkle noch ins Ängstigende. Er führt durch alle Wandlungen hindurch ins Helle und in die Freiheit. Du hast ein Recht bekommen zu leben, ehe du es dir verdienen konntest, und du wirst das Leben deiner Seele behalten, auch wenn du es eigentlich verwirkt hättest. Nichts beruht auf Leistung oder Bewährung. Am Ende wirst du dich selbst neu empfangen. Du wirst nicht in Schönheit beginnen und in einer Ungestalt enden, sondern du wirst dein Ziel in deiner eigentlichen Gestalt erreichen.

*

Das Dritte war, dass Jesus heilte. Es ist etwas vom Sichersten, das wir von Jesus wissen, dass er als Heiler aufgetreten ist: »Die Menschen sind krank. Sie brauchen einen Arzt«, sagt er. Und so werden »Wunder« berichtet, die uns so viel Mühe bereiten, obwohl sie ja keine medizinischen Protokolle sind. Nichts, das über Jesus erzählt wird, sagt nur: So ist es zugegangen. Vielmehr muss uns deutlich sein, dass alles, ehe es niedergeschrieben wurde, zuerst durch den Kopf und das Herz eines Menschen gegangen ist, der damit immer auch sagt: Das ist nicht nur irgendwo in Galiläa, das ist auch in mir selbst geschehen. Das hat mich berührt. Das hat mir die Augen geöffnet.

Jesus sah die Menschen, und sie taten ihm leid, denn sie waren verlassen und zerstreut, hungrig und heruntergekommen »wie Schafe, die keinen Hirten haben«. Er sah sie krank und sagte nicht: Die Krankheit muss sein, sondern er heilte die Krankheit. Er sah sie krank an ihrer Seele, beherrscht von Dunkelheiten, und zeigte ihnen das Licht. Er sah sie uneins mit sich selbst, in Verfehlungen verstrickt, unfähig zum Frieden mit sich und den anderen. Er nahm ihnen die Angst vor dem, was war, und vor dem, was kommen könnte, die Angst vor irdischen Richtern und die Angst vor Gott.

Eine Heilung hatte bei Jesus immer einen mehrfachen Sinn: Ihm ging ein physisches Leiden ebenso nahe wie eine Behinderung, wie eine geistige Störung, wie das, was wir eine seelische Blockade nennen können. Das Ziel seiner Bemühung war nie nur der geheilte Einzelmensch, sondern auch die Aufnahme des Geheilten in einen Raum von Bejahung und Ermutigung. Das Ziel war die aufrechte Gestalt eines freien und zu eigener Entscheidung fähigen Menschen in einer ihn stützenden Gemeinschaft. Wir stehen mit alldem gleichsam in einem Garten. Heilen, griechisch »therapeuein«, heißt auch »gut versorgen«, »den Boden bereiten«. Ein Heiler ist also jemand, der den Boden von Körper und Seele eines Menschen bereit macht und aufnahmefähig für das, was in ihn gelegt werden soll.

*

Ein Viertes war, dass er den Menschen ein neues Bild ihrer selbst zeigte. Er zeigte ihnen, was aus ihnen werden könnte. Und er tat das, indem er ihnen kleine Geschichten erzählte, die von ihnen sprachen. Etwa so: Viele von euch behandelt man, als seien sie Schmutz, den man ausfegen müsste. Ihr aber seid Erde. Ihr seid ein Acker. Ein Acker ist etwas unerhört Lebendiges und Reines. Stellt euch vor: Da kommt einer und fängt an, ihn umzugraben, vielleicht mit dem Spaten, vielleicht auch mit dem sanften Holzpflug, den ihr selbst durch eure Äcker zieht. So kommt Luft in die Erde und Licht. Danach kommt der Mann noch einmal mit einer Schürze voll Saatgut. Das wirft er in die Erde. Er schenkt es dem Acker. Und nun tut der Acker etwas mit jedem einzelnen Korn: Wenn der Regen kommt, wird er feucht und weich und macht aus dem harten Korn einen weichen Keim. Der treibt aus und wächst und wird zum Halm mit einer Ähre. Und wenn der Sommer gut war, steht am Ende eine prächtige Frucht. Das ist es genau, was mit euch geschehen kann. Wenn ich vor euch sitze und Geschichten erzähle, zu euch von Gott, eurem Vater, rede, dann fällt, was ich sage, wie ein Korn in euch hinein. Nehmt es auf. Gebt ihm Raum. Gebt ihm Schutz, Nahrung und Wasser. Lasst es wachsen. Es kann bei eurem Leben noch etwas Schönes herauskommen. Das Reich Gottes wächst in euch und reift und am Ende wird sich zeigen, dass ihr am großen Ziel der Menschengeschichte das Eure mitbewirkt habt.

Was er mit ihnen machte, war dies: Er gab ihnen den Mut, sich selbst nahe zu kommen. Sich anzunehmen. Menschen können durch die Zone des Schreckens, die in ihnen selbst ist, hindurchdringen bis auf den Grund ihrer Seele, dorthin, wo Gott sein Reich in ihnen beginnen will. Was er zu ihnen sagte, war: Ihr seid gesegnet. Das heißt: Euer Leben hat Sinn. Es gedeiht, es wächst, es wirkt auf andere Menschen befreiend, lösend und schützend. Am Ende reift eine Frucht. Versuche glücken. Werke gelangen zu ihrer Vollendung. Arbeit zehrt das Leben nicht aus. Sie ist Quelle eines sinnvollen Wirkens. Ein alternder Mensch, dessen Leben gesegnet ist, geht nicht zugrunde. Er reift. Er wird klarer. Und er stirbt am Ende »lebenssatt«, wie einer aufsteht nach einer guten Mahlzeit.

*

Das bedeutet: Jesus schafft in den Menschen, die sich ihm anvertrauen, die Kräfte, die sie zum Leben brauchen. Er schafft um sie einen freien Raum, in den hinein sie sich aufrichten können, sich dehnen, sich ausstrecken. Er gibt ihnen die Hoffnung auf ein gelingendes Leben und ein Ziel, das ihrem Weg die Richtung weist. Das alles ist nur ein Erstes, denn nun gibt er auch ihrem Kopf Gedanken, um ihnen zu helfen, sich zurechtzufinden in ihrer Welt, sich ihr anzuvertrauen, es mit ihr aufzunehmen. Dieses Zweite beginnt mit dem Bild, das sie sich von Gott machen sollen, und mit ihren Gedanken über Gott.

Vertrauen zu Gott finden

Mir scheint gewiss: Wer sein Leben durchhalten will, wer mit seinen Gedanken zurechtkommen will, muss sich irgendwann und irgendwie darüber klar werden, wer oder was Gott für ihn sei. Er kann sagen: Einen Gott gibt es nicht. Ich brauche keinen. Ich löse meine Probleme selbst. Gut. Das steht ihm frei. Vielleicht kommt er damit durch. Vielleicht auch nicht. Das ist seine Sache. Falls er aber überhaupt von Gott sprechen will, so wird entscheidend für ihn sein, wer dieser Gott für ihn ist, was für ein Gesicht er für ihn hat. Was er ihm verdankt. Was er von ihm erhofft, erwartet oder befürchtet. In den Vorstellungen der Gäste, mit denen Jesus bei seinen Tischrunden zusammensaß, dürfte sich jedenfalls Entscheidendes verändert haben. Und für uns, denen diese Gastmahle mit Armen und Disqualifizierten ein Bild dessen sind, was wir das Evangelium nennen, ändert sich ebenfalls einiges, das für unser Bewusstsein und unser Leben entscheidend ist. Was war, was ist das?

Es ist gewiss nicht leicht zu sagen, was für ein Bild von Gott die Juden der Zeit Jesu in sich trugen. Es hatte gewiss viele Färbungen, denn es war ja nicht nur, wie man schon gemeint hat, das Bild, das die Mose-Geschichte schildert oder zu schildern scheint: jenes Bild des gefährlichen, vom Berg herab aus dem Gewitter redenden, fordernden Gottes, der dem Volk entgegentrat, das verängstigt am Fuß des Berges stand. Es gab schon viele Jahrhunderte vor Jesus sehr sensible Vorstellungen von einem Gott, der den Menschen nahe war, sie schützte und sie liebte, und den zu lieben möglich war, wie es auch heute Vorstellungen gibt, in denen Gott Züge von Mütterlichkeit annimmt. Dennoch: Das Bild, das Jesus den Menschen vor die Seele stellte, ist etwas anderes, Einzigartiges.

Das Besondere war, dass dieser Gott gerade denjenigen seine besondere Liebe zuwandte, die zum Glauben an ihn unfähig waren, die sein Gebot nicht erfüllen wollten oder konnten – also den Menschen, wie sie wirklich waren. Und dies Bild zeichnete Jesus mit seiner eigenen Person nach. In ihm trat ihnen der Bruder entgegen, der sie »im Namen Gottes«, das heißt als Gottes Stellvertreter, sammelte und aufnahm. Dieser brüderliche Mensch wurde ihnen zum Bild Gottes. Er zeigte ihnen den Vater, mit dem er so nah verbunden war wie ein Sohn, und gab ihnen Würde und Rang von Schwestern und Brüdern, das heißt, von Töchtern und Söhnen dieses Gottes. Er sagte ihnen: Ihr steht in seinem Schutz. Ihr seid von seiner Art. Richtet euch auf! Lebt! Lasst, was euch bisher gehindert hat: eure Angst vor Gott, euren Hass gegen ihn, eure Anklagen, eure Bitterkeit über seine Ferne und Abwesenheit. Legt es ab. Lasst es liegen. Sie spürten das tiefe Vertrauen, das von ihm ausging, und sie verstanden: So nah ist Gott! So vertrauenswürdig. So ganz anders, als wir dachten.

Und ein Zweites änderte sich für sie. In der Epoche, in der Jesus wirkte, lebte das jüdische Volk in der Erwartung eines kosmischen Endkampfs zwischen den Mächten der Finsternis und denen des Lichts. In Erwartung eines endzeitlichen Strafgerichts über die Menschheit und einer großen Wende: Gott werde, so waren viele überzeugt, bald seine wirkliche Macht erweisen und nach einem Sieg über das Böse sein Gottesreich errichten. Was aber die Menschen daran besonders erschreckte, war der Gedanke an das große Gericht, das ihnen Erlösung oder Verdammnis bringen könnte, Himmel oder Hölle. Die »Armen im Land«, zu denen viele der Gäste Jesu zählten, standen dabei unausweichlich vor einer Verdammnis oder Vernichtung.

Diesen Angstgedanken greift Jesus nun auf und verändert ihn. Er übernimmt selbst die Rolle des Richters und sagt gleichsam: Ich stehe an der Stelle Gottes. Was ich mit euch tue, das ist das Muster, nach dem das Gericht sich vollziehen wird. In Johannes 5,22 sagt er: »Der Vater richtet niemanden. Alles Gericht hat er seinem Beauftragten, mir, übergeben.« Der Richter ist derselbe wie der Gastgeber. Derselbe, der den Kranken seine heilenden Hände auflegt. Derselbe, der sagt: »Kommt! Ihr Belasteten und Getretenen. Ich will euch Frieden geben.« (Matthäus 10,28)

Was sich also gerade an ihnen als Gericht abzeichnet, ist nicht Verurteilung, sondern Heimholung, Einbeziehung und Rettung. Es ist ein Zurechtbringen. Der Richter ruft die, die er zu richten hat, an seinem »Tag« zu sich mit all ihrem Elend und Jammer, all ihrem Versagen und ihrem Verschulden. Das müssen wir Spätgeborenen erst wieder neu begreifen, wenn uns unbegreiflich scheint, was das Glaubensbekenntnis sagt mit dem Satz, Jesus werde wiederkommen, »zu richten die Lebenden und die Toten«: Die entscheidende Aussage liegt darin, dass nicht ein rätselhafter Gott über uns richten wird, sondern dass das Maß gilt, das Jesus gezeigt und vorgelebt hat. Wir sagen damit: Es ist unser Bruder, der uns richten wird. Er ist das Bild des Gottes, den er uns als unser Bruder gezeigt hat. Mit diesem Satz unseres Glaubensbekenntnisses bekennen wir eine Befreiung. Eine Erlösung. Das Ende einer untragbaren Last.

Und noch einmal verändert Jesus das Bild vom Gericht: Auch ich selbst werde nicht eigentlich der Richter sein. »Wer meine Worte hört und sie bewahrt«, sagt er in Johannes 12,47–48, »den werde nicht ich richten. Ich bin nicht gekommen, die Welt zu richten, sondern sie zu erlösen. Das Wort vielmehr, das ich zu euch geredet habe, wird der Richter sein.« Das Gericht rückt also herein in den Menschen selbst und spielt sich ab zwischen dem, was er gehört hat, und dem, was er tat oder unterließ. Es spielt sich ab als ein Erschrecken und Erkennen im eigenen Herzen. Der Mensch spricht sich selbst das Urteil, aber er wird mit eben diesem Wort im Ohr, das ihm Klarheit über sich selbst verschafft, an den Tisch gerufen, an den der große Versöhnende einlädt. So ändert sich wirklich alles: Die Gäste sind bewahrt, sie sind gefordert, und sind, wer immer sie seien, bejaht und angenommen.

Eine bewohnbare Welt sehen

Die Gäste Jesu lebten in einer kaum erträglichen Welt: Eine brutale Besatzungsmacht, die ständig irgendwelche Leute des Widerstandes als Terroristen aufgriff und öffentlich zu Tode folterte. Eine Rechtsprechung, der es vor allem auf die Wahrung der Machtverhältnisse ankam. Alle paar Jahre ein Krieg mit Zerstörung, blutigen Kämpfen, Vernichtung von Vorräten und nachfolgender Hungersnot. Und über alles hingebreitet die Phrase von der »pax romana«, dem römischen Frieden, der mehr mit der Ruhe eines Friedhofs als mit echtem Frieden zu tun hatte. Verglichen mit den damaligen Verhältnissen ist die Welt, in der wir – jedenfalls wir Europäer – heute leben, ein Paradies.

Aber ist nicht auch sie bis heute eher ein Schlachtfeld, auf dem mit Gewalt und Brutalität, mit Tricks und Lügen um Raum und Macht und Einfluss, um Interessen und Überlegenheit, um Erfolge und Siege gestritten wird? Ist sie nicht ein Müllplatz der großen Worte, all der großen Gedanken über die Würde und Freiheit der Menschen? Ich kann kaum noch ansehen, was täglich geschieht, und kann verstehen, dass manche sich nach einem langen Leben ohne großes Bedauern verabschieden von dieser Welt. Ich verstehe auch, dass man immer wieder die ganze Welt und ihre Geschichte im Großen und Kleinen ein Jammertal genannt hat und dass Menschen sich aus ihr zurückziehen in die ringsum geschlossene Klause des Einsiedlers. Bringen sie aber nicht alles mit in ihre Einsamkeit, was die Welt so unbewohnbar macht?

Ich kann nachvollziehen, dass immer wieder versucht wird, die Welt so zu teilen, dass zwar auf der einen Seite das Böse herrscht, die Finsternis und der Abgrund, aber doch auf der anderen Seite ein Reich des Lichts bleibt, ein Reich des Guten und der Gerechtigkeit. Dann kann sich der rettende Gedanke einstellen, wir – die auf der Seite des Lichts – seien berufen, als Helden des Guten und der Gerechtigkeit gegen die Mächte des Bösen zu kämpfen. Woher soll da die Gelassenheit kommen, wenn nicht, indem ich die Augen schließe und nicht mehr sehe, was von mir her und in mir selbst wirklich geschieht? Was ist denn das Böse? Und wie kann die Welt, die wir bewohnen, wirklich bewohnbar werden? Wir nähern uns dieser Frage in fünf Schritten.

⁕

Erste Frage: In welchem Verhältnis steht Gott zu dem Dunklen, das wir erleiden oder das wir tun? Müssen wir uns Gott, wenn wir mit dieser Frage zurechtkommen wollen, nicht geteilt vorstellen in zwei Mächte: in Gott selbst und eine Macht der Finsternis? Und dabei die Frage offen lassen, welche von beiden Mächten die mächtigere sei und am Ende die Oberhand behalte? Diese Frage stellte sich dem jüdischen Volk im 6. Jahrhundert vor Christus, als ihnen während der Gefangenschaft in Babylon die persische Religion begegnete, die ihren Gott klar geteilt sah in einen Gott des Lichts und einen Gott der Finsternis. Damals hielten die Juden mit bewundernswerter Energie an der Einheit Gottes fest – und damit auch an der Einheit und Stimmigkeit der Welt und der inneren und äußeren Einheit des Menschen. Ein Prophet jener Zeit spricht diese Überzeugung »im Namen Gottes« aus, das heißt, indem er sie Gott in den Mund legt:

»Ich bin Gott, und außer mir ist keiner.
Ich mache das Licht
und ich schaffe die Finsternis.
Ich gebe Frieden
und verhänge das Unheil.
Ich bin Gott, der hinter allem steht.«
Jesaja 45,6–7

Er ist also kein Gott, der gegen das Böse zu kämpfen hätte. Er ist der »Heilige«, und in diesem Wort »der heilige Gott« ist alles ausgesprochen: das Fremde, das Rätselhafte, das unendlich Überlegene, alles, was unser kleiner Menschenverstand in seine Gegensätze zerlegen muss. Alles, was wir über Gott denken, scheitert zuletzt an der Unfähigkeit unseres Menschenverstandes, Widersprüche zu verstehen, die wirklich Widersprüche sind. Gott ist nach der Bibel das ganz und gar unauflösbare Rätsel, von dem wir vielleicht ein klein wenig begreifen werden, wenn wir den Schritt über die Schwelle des Todes getan haben, oder vielleicht auch dann noch nicht.

Wir können, wenn das gilt, unsere Welt nicht mehr teilen in eine lichte und eine dunkle Seite. Wir können auch die Menschen nicht unterscheiden nach Bösen und Guten, Gerechten und Schurken. Denn Licht und Finsternis sind in allen. Jesus versammelte an seinem Tisch die so genannten »Guten« und die so genannten »Bösen«. Er mahnt uns damit in großer Eindringlichkeit, uns nicht als die Helden des Lichts zu fühlen, ausgesandt in den Kampf gegen die Vertreter der Finsternis. Wir können uns weder in der Rolle des heiligen Georg verstehen, der dem Drachen die Lanze ins Maul stößt, noch in der Rolle des Erzengels Michael, der den Teufel aus dem Himmel in den Abgrund stürzt. Wir haben die Finsternis – oder wie wir bildhaft sagen, den »Drachen«, den »Teufel« – in uns selbst. Aber wir sind mit all unseren Dunkelheiten Gäste an einem gemeinsamen Tisch.

*

Zweite Frage: Wer oder was ist also »das Böse«? Für die Bibel ist es keine eigenständige Macht, in ihrer Bildersprache ist der Teufel vielmehr ein Angestellter am Hof Gottes. Das Wort »Satan« heißt so viel wie »Ankläger«, Staatsanwalt. Im Buch Hiob fragt Gott ihn, was er zur Zeit tue, und der Satan gibt Auskunft. Er fragt Gott, ob er den Hiob auf die Echtheit seines Glaubens hin prüfen dürfe. Gott erlaubt es ihm bis zu einer bestimmten Grenze, und der Satan hält sich an die Weisung. Er ist derjenige am Hof Gottes, der das Unrecht der Menschen aufdeckt, benennt und anklagt. Der souveräne Richter aber ist Gott. Die Welt ist eine. Gott ist einer. Und der Mensch selbst ist einer. Wenn das Böse keine eigenständige Macht ist, dann können wir auch die Menschen nicht als Instrumente des Bösen sehen. Vielmehr werden wir sie, gerade wenn sie so erscheinen, zu uns holen und an unseren Tisch bitten.

Es gibt in den Psalmen einen wunderbaren Text. Das Meer galt ja bei den alten Völkern oft als Element tödlicher Gefahr, bevölkert von schrecklichen Drachen und Ungeheuern. Dieser Urangst begegnet der Psalm 104 mit erstaunlicher Leichtigkeit:

»Wenn ich das Meer ansehe
mit seinen Ungeheuern,
den Schreckensgestalten,
die aus der Tiefe drohen
– die hast du, Gott, gemacht,
um mit ihnen zu spielen.«

Das ist keine naive Verharmlosung des Dunklen im Dasein, sondern ein beglückter Schritt in die Freiheit am Ende einer langen Angst und eines langen Leidensweges durch die abgründigen Rätsel der Welt. Und denselben Schritt versuchen wir zu vollziehen, indem wir eintreten in die Tischrunde, die Jesus den Armen, den Leidenden und den zerrissenen Menschen bereithält.

Die Konsequenzen dieses Schritts reichen bis ins Politische. Jesus sagt, wir sollten einem Feind ohne Abwehr, ohne Drohung und ohne Gewalt gegenübertreten. Er sagt: Sieh den Menschen in ihm und liebe dich frei aus deiner Angst und deinem Hass. Du erreichst sein Herz nie anders als durch deine Güte, und nur, wenn du sein Herz erreichst, kann er sich verändern. Das ist auch eine Frage der Klugheit. Es gibt ein Lebensgesetz, das überall gilt, wo es um ein Verstehen geht: Du verstehst immer nur, was du liebst. Du verstehst immer nur soweit, wie deine Liebe standhält. Wenn du keine Liebe hast für einen Menschen, kannst du alle Daten über ihn zusammentragen, du kannst ihn stundenlang über seine Probleme reden hören. Du wirst ihn nicht verstehen. Die Reife eines Menschen, sein spiritueller Rang, erweist sich unter anderem in seiner Bereitschaft, auf Siege zu verzichten, seine Überlegenheit abzulegen und sich stattdessen mit allem zu verbinden, das ihm fremd ist oder das ihn bedroht.

Uns wird dabei heute deutlicher sein müssen, als es durch lange Zeit war, dass wir Menschen dem Anderen, dem Fremden, nicht eigentlich gegenüberstehen. Wir sind vielmehr selbst auch alles, was uns begegnet. Was wir bewundern, sind wir.

Was wir bekämpfen, sind wir, und was wir zerstören. Was sich in uns ändert, das verändert sich im ganzen Netzwerk, in das wir hineingeflochten sind.

Eine solche christliche Ethik mag im Gegensatz zu vielem stehen, das sich »christliche Ethik« nennt, aber sie sagt uns sehr klar: Lass dich von allem anrühren. Verbinde dich mit allem. Lass dich nicht hinausfallen aus dem Netz des gemeinsamen Lebens. Einladen und bewirten – das sind die Zeichen für einen Menschen, der von seiner Angst frei geworden ist.

*

Dritte Frage: Was ist mit dem Tod? Mir selbst ist nach vielen persönlichen Erfahrungen unfraglich, dass hinter der Welt, die wir wahrnehmen, sich unendliche, andersartige Welten auftun. Dass zugleich die verschiedenen Welten einander nicht fremd gegenüberstehen, sondern in sich eng zusammenhängen, unsere Erkenntnis aber nur für die Welt tauglich ist, die wir Menschen bewohnen, nur für den Ausschnitt der Welt, den unsere Art, der Mensch, verstehen muss, um zu überleben. Nicht mehr. Und dass schließlich die zeitliche Linie unseres Menschendaseins nicht Halt macht an dieser Grenze unserer Erkenntnis.

Ich bin jetzt sehr alt und werde in Kürze vor einer dunklen Wand stehen. Die Frage ist, ob diese Wand eine Tür hat. Immer wieder fragt mich jemand in irgendeinem Gespräch: »Fürchten Sie sich vor dem Tod?« Und ich kann nur antworten: »Wieso fürchten? Ich bin gespannt. Sehr gespannt, was ich erleben werde, wie die Wirklichkeit aussehen wird, in die ich hinaustrete, und was dann dort mein Auftrag sein wird.« Denn dass ich dort selig und arbeitslos sein werde, kann ich mir kaum vorstellen angesichts der Dynamik, die ich von unserer hiesigen Welt her kenne. Ich lasse es offen und warte gespannt.

Was ich verstehen kann, ist: Wir kommen irgendwoher. Wir gehen irgendwohin. Wir kommen zur Welt. Wir leben, sterben und erwachen. Was wir den Tod nennen, das ist die Rückseite einer ganz anderen Art von Leben, und wir werden beim Überschritt dort hinüber mit einer uns hier nicht vorstellbaren Klarheit uns selbst und die größere Welt zu Gesicht bekommen. Nicht das Leben währt, bis der Tod es beendet, sondern wir sind in der Hand des Todes, bis wir frei werden und ins Leben treten, hinüber in ein von Gottes Geist erfülltes Dasein. Ohne Raum und Zeit – eine Vorstellung, die zu verstehen uns freilich die Mittel nicht gegeben sind.

*

Vierte Frage: Worauf wird denn alles hinauslaufen? Zum Beispiel die ganze Weltgeschichte? Was ist wohl das Ziel und Ende dieser düsteren, bedrückenden Veranstaltung? Denn die Bibel redet nicht so zentral, wie wir manchmal meinen, von uns, den einzelnen Menschen, sondern mehr von der Menschheit und der Welt und ihrer Zukunft insgesamt. Dieser große Zusammenhang hat aber eine starke Bedeutung für den inneren Zustand eines Christen.

Unsere Erde ist keineswegs der Mittelpunkt des Kosmos. Und wir kleinen Menschen, das steht fest, sind nicht der Sinn der Weltgeschichte. Gott ist keineswegs in erster Linie der Gott der Menschen. Wichtig also sind nicht nur unser Geschick und unsere Seligkeit, wichtig ist das Ganze dieser und der größeren Welt. Die Bibel spricht davon, der große Gegensatz zwischen Licht und Finsternis werde aufgehoben. Auch das Böse und gerade das Böse werde zurückgeholt in das gemeinsame Leben des Ganzen. Alles kehre zurück in Gott. Jesus ist ja nicht der Lichtheld, der mit der Waffe in der Hand über alles Böse triumphiert, sondern der, der es heimholt. Er ist es, der den großen Riss, der durch die Welt geht, heilt. Er ist durch und durch der Versöhner.

Ich muss nicht davon reden, wie verhängnisvoll sich die Vorstellung von einer ewigen Hölle in unzähligen Menschen ausgewirkt hat und möglicherweise bis auf diesen Tag auswirkt. Es war einer der schweren Irrtümer der christlichen Geschichte, dass man die hoffnungslose Verzweiflung als Bild der Zukunft von Menschen an den Horizont gemalt hat. Denn was die Bibel die »Gehenná« nennt, ist keineswegs eine ewige Hölle. Es ist das Tal »Hinnom« südlich von Jerusalem, in dem die Müllkippe von Jerusalem war und wo man die Abfälle der Stadt verbrannte. Dieses Feuer loderte Tag und Nacht, aber es diente keineswegs einer ewigen Qual, sondern der Beseitigung von Müll. Dieses Bild spricht also nicht von einer ewigen Qual, auch bei Jesus nicht.

*

Fünfte Frage: Was also ist das letzte Ziel? Wir kommen heute wieder einem Gedanke nahe, ohne den es unter Christen eigentlich keine wirkliche Gelassenheit geben dürfte, keinen inneren Frieden, und der doch in der Geschichte des Christentums immer wieder vorsichtig umspielt worden ist: dem Gedanken von der Allversöhnung, der »apokatástasis pánton«, den ich hier nur andeute. Gewiss, es mag Mühe bereiten sich vorzustellen, dass auch die Bösesten unter den Bösen eines Tages in den Kreis der Töchter und Söhne Gottes heimkehren werden. Aber wer soll denn am Ende das größere Stehvermögen besitzen? Das Böse oder der vollendende Gott? Wem wird die Ewigkeit gehören? Der festgeschriebenen Spaltung oder dem Gottesreich?

So ungewohnt uns dieser Gedanke berühren mag, es führt im Grunde kein Weg an ihm vorbei. Ich kann mir keine Seligkeit der Gerechten vorstellen und keinen himmlischen Frieden für sie, solange die Ungerechten in einer ewigen Hölle aussichtslos leiden. Ich kann mir auch schon in unserer Zeit und Welt keine wirkliche Gelassenheit von Christen vorstellen, solange wir den Gedanken einer ewigen Verdammnis nicht endgültig überwunden haben, indem wir sorgfältiger auf das Evangelium hören. Der Gedanke einer Allversöhnung, so oft abgelehnt, ist aber ein fernes Licht am Horizont, mehr geahnt als gewusst. Er ist der Ton einer fernen Musik, in der ein unendlicher Trost anklingt.

In die eigene Seele absteigen

Wir sind noch immer auf unserem Weg der Suche nach jenem inneren Frieden, der sich in der Gelassenheit eines zum Frieden fähigen Menschen ausdrückt. Einige Schritte auf diesem Weg haben wir schon getan. Wir haben uns in der Tischrunde jenes brüderlichen Menschen Jesus eingefunden, haben uns seiner Güte anvertraut und unsere Last abgelegt. Wir haben angefangen zu hören. Und wir hörten, in welcherlei Welt wir leben: einer Welt nämlich, in der ein vertrauenswürdiger Gott am Werk und in großer Nähe ist. In einer Welt, in der das Böse zwar eine Macht, aber eine Macht unter Gott ist, von ihm eingesetzt und unterworfen seinem Wissen. In einer Welt, in der der Tod kein Abgrund ist, sondern ein Schritt in eine größere und hellere Wirklichkeit. Das Ziel, so haben wir gehört, ist nicht unsere Auslöschung, sondern unsere Befreiung. Im Gericht werden wir über uns selbst mit großer Klarheit urteilen, aber vor Hölle und Verdammnis brauchen wir uns nicht zu fürchten. Am Ende wird auch, so haben wir gehört, das Böse frei werden und in Gott heimkehren. Wenn das alles so ist – und es ist so, wenn wir das Evangelium, das Wort jenes Jesus, ernst nehmen – dann können wir viel Angst ablegen. Wir sind anerkannt. Und wir leben in einer bewohnbaren Welt.

Als nächster Schritt steht uns bevor, uns selbst kennenzulernen. Denn all die Schwierigkeiten, an die unsere Gedanken stoßen, sind ja nicht das eigentliche Hindernis, wenn wir unseren Weg zur Gelassenheit suchen. Die entscheidende Unruhe, der entscheidende Widerstand kommt aus uns selbst. Mich bedrohen, blockieren oder hemmen ja nicht nur die Bedingungen, unter denen ich lebe, sondern viele und starke Kräfte in mir selbst, die ich nur teilweise kenne. Sie liegen in den Untergeschossen der eigenen Seele verborgen, versteckt, unzugänglich und doch unerhört wirksam.

Deshalb müssen wir prüfen: Was ist es denn in mir, das mich aufrührt, das mich blockiert, wenn ich versuche, einen Schritt zu gehen? Was ist es, das mich in die Rastlosigkeit treibt, wenn ich doch Frieden suche, das mich in der Angst festhält? Das mich so empfindlich macht gegen die tausend Bedrohungen? Das mich hindert zu tun, was ich eigentlich tun will, und zu reagieren, wie ich es eigentlich für richtig halte? Ich habe keine Psychologie des religiösen Lebens vorzulegen. Ich will nur andeutend ein wenig von den wichtigsten Hindernissen reden, die mir den Weg verlegen zum Frieden und zur Gelassenheit.

Noch einmal: Was Jesus uns sagt über Gott und die Welt, über Ort und Ziel unseres Menschenlebens, das ist gleichsam der Rahmen, die Landkarte für unseren Weg auf dieser Erde. Die Bedingungen sind günstig. Aber wie steht es mit uns selbst? Sind wir frei, unsere Schritte so zu setzen, wie wir eigentlich wollen, oder sind wir festgebunden an unsere gegenwärtigen Ängste? Sind wir von unseren Wünschen irgendwohin getrieben, wo unser eigentlicher Weg nicht zu finden ist? Was müssen wir tun, um frei zu werden von unseren Träumen und Widerständen, frei von Selbstliebe und Selbsthass? Frei auch von all den bekannten, meist traurigen Spielchen unserer Seele und unseres Bewusstseins, mit denen wir uns gegen das, was nötig und hilfreich wäre, zu wehren suchen?

*

Ich will in einem gedanklichen Spiel davon reden, das sich auf eine alte Geschichte aus der Bibel bezieht. Ich meine die dramatische Erzählung vom inneren und äußeren Schicksal des

Propheten Elija, der rund 850 Jahre vor Christus lebte.

Das Reich Davids war zerfallen, die Israeliten lebten in zwei getrennten Staaten – da kam aus der Wüste im Osten Elija nach Samaria, in die Hauptstadt des Nordreichs. Er sah eine satte Oberschicht, ein selbstherrliches Königtum, eine korrupte Priesterschaft. Er kam als Kämpfer für den alten Glauben, den die Israeliten einst aus der Wüste mitgebracht hatten, als ein Kämpfer gegen den Niedergang von Sitte und Recht, gegen die Anmaßung der Herrschenden und die Vermischung der Religionen. Er wollte die Autorität einzelner Menschen wieder ersetzen durch die Autorität Gottes, den Anspruch von Recht und Gerechtigkeit dem Interessenstreit aller gegen alle entgegensetzen. So wurde er zum Staatsfeind Nummer eins. Man suchte ihn, man jagte ihn. Immer wieder erschien er plötzlich, prangerte an und fegte hinweg, was ihn störte. Souverän. Kompromisslos.

Aber dann kam der Rückschlag. Der König und sein Hof waren stärker. Elija entkam den Dolchmännern der Königin mit knapper Not und floh in den Negev. Dort warf er sich unter einen Ginsterstrauch, wünschte sich den Tod und sagte: »Ich habe es satt. Mir reicht's. Ich will sterben. Ich erreiche doch nichts. Ich bin auch nicht stärker als die anderen Propheten vor mir.« Er meinte damit: Diese Welt, dieses Land, diese Regierung, dieses Volk, das sind, alle zusammen, verdammte Schwächlinge und Verbrecher. Wenn ich ihnen das sage, stürzen sie sich von allen Seiten auf mich. Und du? Du, Gott? Wo bist du eigentlich? Dir macht es nichts aus, wenn ich zugrunde gehe.

Mit solchen Anklagen schleppte er sich weiter durch die Wüste bis zum Berg Sinai, dem heiligen Berg des Mose. Dort fand er eine Höhle und blieb in ihr über Nacht. Dort kam ein Wort von Gott zu ihm: »Was hast du hier zu tun, Elija?« Und der erhob seine Anklage:

»Ich habe für dich,
den Gott Israels, gekämpft.
Denn Israel ist dir untreu geworden.
Sie haben deine Propheten
mit dem Schwert getötet.
Ich allein bin übrig geblieben,
und sie wollen mir das Leben nehmen.«

Danach hörte er:

»Komm heraus!
Heraus aus deiner Höhle!
Stell dich vor den Gott, den du anklagst.
Draußen auf den Felsen vor der Höhle.
Dort wird Gott an dir vorübergehen.«

Aber Elija blieb drinnen. Und von drinnen hörte er einen Sturm, der die Berge zerriss und die Felsen zerbrach. Aber Gott war nicht im Sturm. Nach dem Sturm kam ein Erdbeben, und seine Höhle zitterte. Aber Gott war nicht im Erdbeben. Nach dem Erdbeben kam das Feuer eines Gewitters. Aber Gott war nicht im einschlagenden Blitz. Nach dem Feuer kam ein stilles, sanftes Sausen. Als Elija das hörte, wusste er: Das ist Gott! Er verhüllte sein Gesicht mit dem Mantel und trat hinaus vor den Eingang der Höhle.

Und Gott gab ihm die Weisung:

> »Geh deinen Weg zurück
> durch die Wüste und tu dein Werk,
> zu dem ich dich berufen habe.«

Da wanderte Elija den weiten Weg zurück und tat, was ihm aufgetragen war.

*

Das Bild von der Höhle am Berg Sinai, in die sich Elija flüchtet, ist von mystischer Tiefe. Zunächst flüchtet er in die Ursprünge, aus denen der Glaube seines Volkes kam, an den Offenbarungsort des Gottes, dessen Arbeit er tun will. Er zieht sich danach auch in sein eigenes Gewissen zurück, um sich Rechenschaft darüber zu geben, was er denn eigentlich zu tun und zu erleiden habe. Er will seines Amtes und Auftrags gewiss werden. Er flüchtet aber auch in die ihm selbst unbekannte Tiefe der eigenen Seele und sucht dort nach einer neuen Begegnung mit Gott. Er kehrt, wie wir gerne sagen, bei sich selbst ein.

Er dürfte dabei erfahren haben, was jeder erfährt, der ernsthaft in sich selbst Zuflucht sucht. Wir stellen es uns ja gerne so vor, als ob wir, wir bedrohten und geängsteten Menschen, uns nur in uns selbst hineinbegeben müssten, um zu Hause zu sein und einen wohnlichen Platz zu finden, Behaglichkeit, Frieden, ungestörte Gelassenheit. Die zahlreichen Anleitungen zur Meditation, die uns heute geboten werden, leben zumeist von solchen Vorstellungen. Das aber scheint mir gefährliche Träumerei, denn was treffen wir an, wenn wir ehrlich und offenen Auges hinabsteigen in unsere innere Wohnung?

⁂

Ich stelle mir also vor, Elija steige in sich selbst hinab. Er begehe die schmale Wendeltreppe, die hinunter führt in einen Raum noch dicht unter seinem wachen Bewusstsein. Dort trifft er an, was er von sich selbst hält. Seine Entschiedenheit. Seine Tüchtigkeit. Seine Treue. Seine Überlegenheit. Alles, was er gerne ist oder tut. Da stehen wie alte Möbel all die erhabenen Grundsätze, an die er sich hält und die er seiner Umwelt ins Gesicht wirft, damit sie sich auch daran halte. Da hängen von der Decke wie Lampen all die Träume von der Größe und Wichtigkeit dessen, was er schaffen möchte. Wie Koffer in der Ecke stehen die erhabenen Werte herum, denen gerecht zu werden er überzeugt ist. Da liegen auch, wie in einem unaufgeräumten Kinderzimmer, all seine Versuche herum, ein korrekter, ein guter Mensch zu sein, die aber natürlich, wie die Verhältnisse eben sind, nicht gelingen konnten. Da stehen Blumen auf dem Fensterbrett, die ihn trösten sollen über die böse Welt, die sich seinen Weisungen nicht fügen will. In der Mitte steht ein Tisch, der beweist, wie großzügig seine Bereitschaft ist, ein Gastgeber für alle Menschen zu sein. Was kann er dafür, dass sie nicht kommen? Da hängen an den Wänden all die Masken, die er doch braucht, um sich zu schützen und zugleich für die anderen eine große Autorität sein zu können. Irgendwo hängt sein eigenes Porträt, das einen hochanständigen, moralisch einwandfreien, freundlichen, friedlichen Menschen zeigt, der für die anderen nur Gutes will, den die aber nicht sehen wollen. Auf dem Tisch liegen die Messer, die er natürlich nur nehmen will, wenn es um Selbstverteidigung geht im Kampf um die Wahrheit. Da stehen vor allem auch in allen Ecken die Harken und Beile, die er gegen Gott einsetzen muss, leider, weil auch Gott ihm nicht hilft.

Und zu alldem tönen wie aus einem Lautsprecher die Anklagen: Wer bist du eigentlich, Gott? Was tust du für mich? Tu endlich etwas! Räum auf! Nicht hier! Hier ist alles in Ordnung. Nein, draußen, wo alles durcheinandergeht. – Was trifft Elija also insgesamt hier unten an? Der innere Friede ist es nicht, was er findet.

Die Vorwürfe, die er gegen Gott erhebt, und die Forderungen, was Gott tun müsse, schildert unsere Geschichte so, dass Elija sich den Gott seiner Wünsche erfindet: Da fängt ein Sturm an zu toben, der die Berge zerreißt, die die Mächtigen mit ihren Burgen besetzt haben. Der die Felsen zerbricht, in denen die Menschen sich schützen. Ja, das wäre ein Gott, wie er ihn brauchen könnte. Nach einer Weile fällt ihm ein anderer Wunschgott ein: Da kommt ein Erdbeben, das die Sicherheit der Menschen durchschüttelt, sodass die schönen Paläste und Geschäftshäuser der Reichen zu Staub zerfallen. Ein Erdbeben – das wäre ein Gott, dem er sich gern zur Verfügung stellen wollte. Und als das Erdbeben vorbei ist, stellt er sich noch ein drittes Bild seines Gottes vor: Ein Gewitter bricht los, ein Blitz schlägt ein. Ja, das wäre ein Gott! Mit dem Feuer des Gerichts würde er das ganze Gesindel, all die Lügner und Ausbeuter, die Gleichgültigen und die Gedankenlosen ausbrennen, ausräuchern. Mit einem solchen Gott an der Seite wollte er der ganzen Welt widerstehen.

So führe jeder von uns, wie Elija, sich den Gott vor Augen, den er gerne hätte. Wenn er dann aber mit seinen Wünschen, Träumen und Selbsttäuschungen durch seinen Kellerraum geht, gerät er wieder an eine Wendeltreppe, die noch tiefer hinabführt.

*

Elija steigt also noch einmal tiefer und findet sich in einem beinahe lichtlosen Raum. Der ist an allen Wänden mit Angst tapeziert. Alles liegt voll Gerümpel, voll mit Gedanken und Gefühlen, die er aus seinem Bewusstsein, auch aus dem oberen Geschoss, in dem er eben noch war, verdrängt hat. Hier liegt alles Missglückte herum, an das er sich lieber nicht erinnert, alles Beschämende aus seinem Leben, das lieber niemand wahrnehmen soll, alle Gemeinheit und Niedertracht, die er gut verpacken und verschwinden lassen muss.

Er kommt herab in das Tiefenversteck seiner lichtscheuen Wünsche und Sehnsüchte, in die Rumpelkammer all seiner Versuche, irgendetwas Geschehenes zu fälschen und es hinter etwas anderem zu verstecken. All sein Hass, den er sich nicht eingesteht, all seine Vorwürfe aus der Kindheit gegen Vater und Mutter und alle, die ihn hätten lieben müssen und es nicht taten. Dies alles ist so gut abgedunkelt, dass er es auch beim besten Willen kaum wahrnehmen kann. Nein, auch hier ist kein Frieden zu finden. Keine Sicherheit. Keine Gewissheit. Keine Gelassenheit. Ihm graut, und dass ihm graut, ist noch das Beste an der ganzen Szene. Denn vielleicht hilft ihm irgendein Mensch, dem er vertraut, das alles zu sehen, bis er am Ende sagen kann: Ja, das alles bin ich.

*

Aber noch einmal steigt er tiefer hinab, und auf dieser Treppe beginnt er etwas zu hören: »ein stilles, sanftes Sausen«, wie unsere Geschichte erzählt. Er geht ihm nach und hört etwas ganz anderes als seine törichten Selbstgespräche. Er betritt jenen untersten Raum, den Meister Eckhart, der große Lehrmeister derer, die den Abstieg in sich selbst wagen, den »Grund unserer Seele« nennt. Eckhart sagt, dieser Raum, der unterste in uns, sei ungleich größer und weiter, als wir selbst es wähnen. Dort könne es uns widerfahren, dass uns einer begegnet, der größer ist als wir selbst. Hier könnten wir anfangen, eine Stimme zu hören, die ganz anderswo herkommt als aus uns selbst. Er sagt ein anderes Mal, in der Seele sei eine Kraft, die von uns selbst unberührt sei. Sie fließe aus dem Geist Gottes. In dieser Kraft, tief in uns, grüne und blühe Gott ganz und gar und sei so herrlich, wie er in sich selbst ist. Auch George Fox, der Vater der Quäker, sagt, dort auf dem Grund unserer Seele sei »etwas von Gott« in uns gegenwärtig.

Wenden wir uns diesem tiefsten Grund unserer Seele zu, so kann es uns also geschehen, dass wir nicht nur der Wahrheit unser selbst begegnen, sondern einer Wirklichkeit, die größer ist als wir selbst. Größer um die Dichte der Anwesenheit Gottes. Paulus sagt darüber, der Friede Gottes sei »ausgegossen« in unseren Herzen. Über diesen Grund unserer Seele sagt Jesus: Wende dich der Erde zu. Schau nach, wo du pflügst. Du könntest einen vergrabenen Schatz finden. Und wenn du ihn findest, dann lass alles andere fahren. Verkaufe alles, was du hast, und eigne dir den Acker an, damit dir gehört, was du in ihm findest. Und wenn du dir den Acker zu eigen gemacht hast, dann hole den Schatz heraus. Der Schatz ist ein neuer, freier und getrösteter Mensch, der in dir zum Leben erwachen wird.

Dieser andere, neue Mensch hört das stille, sanfte Sausen und weiß: Das ist Gott! Und er begreift: Was hier zu hören ist, das spricht Gott. Er muss unterscheiden lernen zwischen der eigenen Stimme und der Stimme Gottes. Die sanftere Stimme in ihm könnte Gottes Stimme sein. Er muss schweigen lernen, damit er hört, woher sie kommt. Er muss ein Mensch werden, der zu hören vermag.

*

Am Ende heißt es: Als Elija das hörte, verhüllte er sein Haupt mit dem Mantel und trat aus der Höhle heraus. Sein Weg führt ihn wieder durch die beiden dunklen Untergeschosse zurück nach oben: Er kommt durch den unteren der beiden und versteht: Das alles bin ich. Vielleicht wird er zu leiden beginnen an allem, das da herumliegt.

Vielleicht wird er sehen: Damit kann ich allein gar nicht fertig werden. Aber sagt Jesus nicht zu den Gästen an seinem Tisch: Lasst alles liegen, was euch belastet! Und sagt er nicht: Euch ist verziehen! Fangt neu an! Tretet heraus aus euren Verstecken. Kommt an meinen Tisch. Und dann geht hinaus zu den Menschen, mit denen ihr lebt.

Elija kommt danach durch den oberen der beiden Kellerräume und sieht all die Spielchen, in denen er sich und die böse Welt so vielfältig gegeneinander rechnet, und fängt an zu lachen. Das alles habe ich doch gar nicht nötig! Wozu die Maskerade? Wozu all die Fälschungen! Es ist doch alles so klar! Was er in seinem oberen Untergeschoss antraf, verliert seine lähmende Kraft. Er kann es lassen, kann freundlich sein auch sich selbst gegenüber. Er kann sich dem widmen, was sein Amt und Auftrag ist, und braucht keine Posen mehr. Ein Stück Wegs zur Gelassenheit liegt hinter ihm. Er lacht und tritt ins Freie.

*

Denn das hat er in jenem untersten Raum auch gehört: Hier ist nicht dein Aufenthaltsort für dein restliches Leben. Dieser Raum ist als Zuflucht nicht geeignet, komm heraus! Und Elija kommt heraus. Zu den Menschen. Er hat gehört: Sie brauchen dich. Sag ihnen, was du gehört hast. Komm heraus, mitten in den Jahrmarkt, mitten in den Streit, und halte dabei den Frieden fest, den Gott dir mitgibt. Er gibt dir mit seinem stillen, leisen Wort eine Lebenskraft, die größer ist als deine eigene. Eine Klarheit, die nicht aus dir selbst kommt. Ein Vertrauen. Sag also inmitten des Getriebes und Geschiebes der Menschen: Ich bin ein Ort Gottes. Mehr kann ich nicht werden. Mehr brauche ich nicht zu sein.

Als Elija so gehört hat, geht er hinaus, um Gott zu begegnen, dort, wo sein praktischer Auftrag stattfindet, und nimmt seine Arbeit auf. Er hat begriffen.

*

Wir erinnern uns: Jesus war als Heiler aufgetreten, als Arzt der Seelen, als Therapeut. Das griechische Wort »therapieren« heißt, wie gesagt, auch: den Boden bereiten. Der Heiler also ist der, der den Boden von Körper und Seele des Menschen, seines Herzens und seines Geistes bereit macht und aufnahmefähig für die Saat, die Raum in ihm finden und wachsen soll. Sechshundert Jahre vor Christus sagt ein Prophet: »Deine Seele soll sein wie ein wasserreicher Garten.« (Jesaja 58,11)

Jesus sagt es kaum anders: Sei ein Erdboden, auf dem etwas wachsen kann. Lass die Tiefenverstecke deiner Ausreden und Selbsttäuschungen hinter dir und öffne die Augen für deinen Auftrag, er ist wichtiger als du. Fasse die Verhältnisse ins Auge und verändere sie. Und nimm dabei das Ziel ins Auge: das Gottesreich unter den Menschen. Das ist wichtiger, als du dir selbst zu sein brauchst. Du bist gesegnet. Lebe, wachse und gedeihe, und tu das Deine mit freier Kraft, wie es dir vor die Hand kommt. Du wirst im Einklang handeln mit dem Gott, der mit dir ist. Und was von dir ausgeht, was man von dir spürt, wird der Friede sein, vielleicht auch erste Anzeichen einer inneren Gelassenheit.

Das Leben lieben, wie es ist

Wir gehen einen Schritt weiter. Es geht dabei um ein großes, umfassendes Ja zu dem eigenen Menschen, der wir sind, um ein großes Ja zu unserem Wesen, unserem Schicksal und Auftrag, zu allem, was uns umgibt. Ein Ja auch zu allem, was wir als Gottes Willen erkennen. Wir gehören, so hörten wir, zu jener Tischrunde, an der Jesus seine Freundinnen und Freunde bewirtet. Er misst sie nicht an ihrem Zustand. Er nimmt sie auf. Er bejaht sie und zeigt damit, was Gott tut. Was Gott mit uns tut. Können wir also uns selbst gegenüber auch etwas aufbringen wie ein Ja? Wollen wir im Lauf unseres Lebens zu etwas wie Gelassenheit gelangen, so wird dies die Bedingung sein. Ich sage deshalb zu mir selbst etwa so:

Es ist der vertrauenswürdige Gott, der mich in diese Welt gestellt hat. Er hat mir eine lange Reihe von Vorfahren gegeben, von denen ich viele meiner Besonderheiten bekam. Und er hat mir das Eigene in mir gegeben, das mich von meinen Ahnen unterscheidet. Von ihm habe ich meine Kräfte, Begabungen, Schwächen und Mängel und meinen mehr oder weniger leistungsfähigen Körper. Ich kann nicht anders sein wollen, als er mich gewollt hat. Kann ich aber irgendetwas an mir ändern? Will ich mich selbst verändern, gilt die alte Regel, dass ich das erst kann, nachdem ich angenommen habe, was und wer ich bin. Vielleicht kann ich meinem Körper helfen, gesünder und kräftiger zu werden, aber wenn ich dabei etwas erreichen will, muss ich mich zuvor mit ihm angefreundet haben. Gott hat mich mit vielfältigen Fähigkeiten ausgestattet, manche hat er anderen vorbehalten. Es hilft mir nicht weiter, wenn ich ihn anklage dafür, dass er mir manches nicht ebenfalls gab. Er hat mir Grenzen gesteckt, also muss ich mich mit diesen Grenzen befreunden, will ich sie ein wenig ausdehnen. Gelingt es mir, kann ich mich darüber freuen. Alles Gelingen kommt wie ein Geschenk.

*

Und weiter: Ich nehme nicht nur mich selbst an, sondern auch mein Schicksal, das mir von irgendwoher zugeteilt ist. Es ist mir vergönnt, aber auch zugemutet, und ich werde mein Ja dazu finden müssen. Gott hat mir diesen Zeitabschnitt zugewiesen, in den ich hineingeboren bin. Es ist ohne Sinn, dass ich mich zurückträume in irgendeine gute alte Zeit, die es nie gegeben hat, oder voraus in eine herrliche Zukunft. Er hat mir meine Familie gegeben. Den Ort, an dem ich zur Welt kam. Die Chancen, die ich habe oder nicht habe. Das Glück, das mir widerfährt oder das an mir vorbeigeht. Das Unglück, das ich auf mich zu nehmen habe. Den Erfolg, der mich auf Wolke sieben trägt.

Mein Schicksal aber bin ich selbst. Und wieder gilt eine alte Weisheit, die nicht ich erfunden habe: Was immer mir widerfährt, es hat in mir seine Entsprechung. Was außen gelingen soll, muss von innen her getragen sein. Nichts wird sich zwischen den Menschen um mich her ändern, was nicht in mir selbst begonnen hat, anders zu werden. Mein Schicksal und ich sind eins. Es ist gleichsam ein einziges Schwingungsfeld zwischen ihm und mir. Was von außen und von innen her aufeinander trifft, trifft sich nicht zufällig. Will ich also meinem Schicksal etwas Gutes abgewinnen, so werde ich versuchen, mich mit ihm anzufreunden.

*

Ein Drittes: Da ich ohnedies verbunden bin und verwoben mit allem, was ist, so tue ich das Natürliche, wenn ich versuche, nun auch meinerseits mich zu verbinden mit allem. Die Heimatlosigkeit des heutigen Menschen scheint mir darin zu liegen, dass er alles, was er wahrnimmt, so empfindet, als stehe es ihm gegenüber – fremd und anders: Hier bin ich – dort ist der Baum. Hier bin ich – dort ist die ganze Welt der Dinge, der Pflanzen und Tiere, der Sterne. Hier bin ich – dort ist das Unrecht. Immer ist dem Einzelnen etwas gegenüber, das er beurteilen muss, verändern, verbessern, bearbeiten, ausnützen, einordnen.

In Wahrheit aber bin ich selbst ein Teil dessen, was ich wahrnehme. Jede Farbe entsteht durch den Beitrag meines Gehirns. In jedem Ton finde ich mein eigenes Ohr. Was mir bewunderungswürdig scheint, erscheint mir so, weil ich in ihm etwas von mir selbst wiederfinde. Was ich bekämpfe, was ich zerstöre, zerstört immer auch etwas in mir selbst. Was sich in mir ändert, verändert etwas an dem großen Netz, in das ich eingeflochten bin. Uns abendländisch geprägten Menschen mit unserem Tätigkeitsdrang fehlt aber überall die Fähigkeit, uns in die Welt einzubringen, statt in sie einzugreifen. Ich muss also versuchen, mit allem, was mir begegnet, bewusst mich zu verbinden und in dieser Verbindung glücklich zu sein.

☀

So auch mit den Menschen. Ich kann sie nicht ändern. Will ich mit ihnen leben, muss ich sie annehmen. Sollen sie mir nicht fremd oder gefährlich erscheinen, muss ich mich auf sie einlassen. Ich bin Gast an einem Tisch und muss versuchen, selbst zum Einladenden zu werden. Ich werde rasch bemerken, dass dies für mich selbst ein Weg zur Angstfreiheit und zum Glück ist. Denn treffe ich auf Menschen, die mir auf irgendeine Weise übelzuwollen scheinen, auf Gegner, dann sagt mir mein kreatürlicher Instinkt: Geh auf Abwehr! Wenn ich ihm aber gehorche, verändere ich weder etwas an der Situation noch am fremden Menschen. Ja, ich werde nicht einmal verstehen, warum mir etwas Feindliches begegnet. Jesus drückt ein grundwichtiges Lebensgesetz aus, wenn er sagt: Du verstehst nur in dem Maß, in dem du dem Fremden deine Offenheit und Güte entgegenträgst. Verzichte auf Schild und Panzer und liebe deinen Gegner aus der Maske seiner Gefährlichkeit heraus. Liebe dich frei aus deiner Angst. Du wirst nur glücklich werden, wenn du nicht mehr um dein Leben fürchtest. Verbinde dich mit allem, was dich bedroht.

*

Und das Fünfte: Tu das Gleiche mit allem, was sich um dich her ereignet. Lass dich von allem anrühren. Liebe und Glück gelingen, wo du etwas kennst, das dir wichtiger ist als du selbst, wo dir ein Mensch wichtiger ist als du selbst. Liebe, Freundschaft, Nähe, Vertrauen und eine gewisse Leichtigkeit, all das zu durchleben – sie sind die zartesten und verletzlichsten Geschenke, die das Leben für dich hat. Und das Glück, das sie bringen, wird so lange bei dir bleiben können, als du ihm Raum gibst.

Begegne dem Leben im Ganzen mit Güte. Güte bedeutet, dass einer es gut meint mit dem Leben, wie es ist. Und dann sieh mit offenen Augen, was von all dem im Leben der Menschen neben dir fehlt. Sieh das tiefe Unglück, in dem viele von ihnen leben, und begleite sie. Geh die dunklen Wege mit, auf denen sie, vielleicht mit letzter Kraft, gehen. Geh die Wege mit, die ohne Hoffnung gegangen werden. Die Wege, auf denen Menschen sich mit falschen Hoffnungen zu trösten suchen. Geh mit in den dunklen Tälern, aus denen keine Gipfel zu sehen sind.

In dieser Art ist die Kirche eine durch die Jahrhunderte fortdauernde gemeinsame Wanderung von Menschen, die ihr Leid zu tragen vermögen, weil andere neben ihnen gehen und mit ihnen tragen. Sie wandern hinter dem einsamen Mann her, der ihre Verlassenheit und Hoffnungslosigkeit, ihre Zweifel und Ängste übernahm, als er sie einlud an seinen Tisch.

Das alles bedeutet nicht weniger als dies: Es gilt, das Leben überhaupt zu lieben. Einfach das Leben selbst, unabhängig von den Bedingungen, unter denen es sich abspielt. Es mehr zu lieben als alles, was ich darüber denke, was ich davon verstehe, was mir dabei gelingt. Danach wird diese Liebe zum Leben die Voraussetzung dafür sein, dass ich seinen Sinn zu erahnen beginne.

Wollen, wie Gott will

Das Leben zu lieben, wie es ist und trotz allem, was in ihm geschieht, drückt sich vor allem in dem aus, was die Meister der spirituellen Überlieferung die »Eingleichung des Willens« genannt haben – die »conformitas voluntatis«, mit der sie ausdrückten, die Gestalt unseres Willens solle sich dem nachbilden, was wir als Gottes Willen erkennen. Die Bibel drückt diese Umgestaltung unseres Willens mit dem Wort aus, wir sollten »Gott lieben von ganzem Herzen, aus ganzer Seele und mit allen Kräften«. Das geht weit über das hinaus, was ich Liebe zum Leben genannt habe, und was damit gemeint ist, ist von großer Tiefe.

Es mag uns leicht scheinen, das schlichte Vaterunser zu sprechen. Wir sagen dabei, einfach und selbstverständlich: »Dein Wille geschehe.« Ich muss aber gestehen, dass ich bei keinem Wort des Vaterunsers so hart ins Stocken gerate wie bei diesem. Ich soll also wünschen, dass geschieht, was Gott will und wie er es will. In diesem Willen hat aber alles Raum: Krankheit, Unglück, Schmerzen, Einsamkeit, Verlassenheit, qualvolles Sterben. Aus diesem Willen kommt, weit über mein persönliches Schicksal hinaus, auch das ganze Elend seiner wunderbaren Geschöpfe, alle Angst, die sie in ihrem bedrohten Dasein erleiden, alles Fressen und Gefressenwerden. Und ich soll daran festhalten, dass auch all mein Bemühen, dieses ungeheure Leid zu lindern oder ihm zu widerstehen, ein Teil sei des großen Willens Gottes.

Ich soll also wünschen, dass dieser Wille geschieht, auch wenn seine Wirkung ist, mich zu zerbrechen. Und ich werde dabei rasch an die

Grenze kommen, an der sich mir alles verwirrt. Ich glaube vielleicht, dass Gott mich führt, aber ich weiß damit noch lange nicht meinen Weg. Ich weiß, dass Gottes Zeitplan anders ist als der meine, aber ich habe damit noch lange nicht seine Geduld. Weiß ich, ob alles auf ein gutes Ende zuläuft? Nein, ich muss es glauben. Das aber gelingt nicht jeden Tag.

Nun suche ich nach den Stimmen von Menschen, denen es ähnlich erging und von denen ich meine, sie seien damit zurechtgekommen, und höre neben vielen anderen die Stimme von Caspar Schwenckfeld, einem der Reformatoren, der vor fünfhundert Jahren schrieb:

»O Herr, gütiger Vater,
ich begehre nicht das Deine, sondern dich.
Es ist gut,
dass du mir gibst, so viel du willst,
und aus mir machst, was du willst.
Darum will ich unablässig an dich denken

und mein Herz mit deiner Güte stillen.
Ich will weder sein noch nicht sein,
weder leben noch sterben,
weder wissen noch nicht wissen,
weder haben noch entbehren:
Allein was du willst,
wie viel du mir geben willst,
darauf will ich täglich warten
und dich gleich lieben.«

Ich kann es verstehen, ja, verstehen schon, dass mein Leben nur dann bis zum Ende gelingen kann, wenn mein eigener Wille im Laufe der Jahre dem Willen Gottes ähnlicher geworden ist. Dass Gelassenheit gelingt, wenn ich meinen Willen lassen kann. Mein Rechthaben. Meinen Widerstand gegen den Willen, der sich in meinem Geschick ausdrückt. Ich kann ja mein Leben nicht planen, nicht machen und nicht vorauswissen. Ich kann, wie Jesus sagt, mit all meiner Mühe und Sorge mein Leben nicht um eine halbe Elle länger machen, als Gott es vorsieht.

Ich kann aber, wenn es mir gelingt, meine Pläne reifen zu lassen, zu staunen beginnen über den Plan, nach dem mein Leben verläuft. Über die Windungen und Brechungen in meinem Schicksal und über seine seltsame Geradlinigkeit. In einer guten Stunde kann ich vielleicht verstehen, dass alles, so wie es kam, kommen musste. Ich kann an meinen Plänen scheitern und später – vielleicht lange hinterher – sehen, dass es gut war, wie es kam. Und vielleicht wächst in mir so etwas wie das Vertrauen, mit dem ich in meinem Leben stehe.

Vielleicht sagt Caspar Schwenckfeld in seinem Gebet nicht eigentlich, was er schon erreicht hat. Vielleicht drückt er nur seinen Willen aus, der zu werden, den er beschreibt. Aber schon das wäre sehr viel. Hätte er es durchgehalten, wäre er wohl zu den echten Heiligen zu zählen. Wenn ich selbst es auch nur einen Tag lang durchhielte, käme ich schon in seine Nähe. Nur: Vielleicht hat Gott gar nicht vorgesehen, dass ich ein Heiliger werden soll. Dann hätte er mir bestimmt, dass ich mich immer um die Anfänge mühen soll. Um die Anfänge der Bemühungen. Dann aber sagt mir sein Wille: Du musst nicht fertig werden. Nichts, das wirklich wichtig ist an dir und deinem Tun, muss fertig werden. Die vielen kleinen Dinge, die dein Tag dir abverlangt, sie müssen fertig werden. Das Essen, das du auf den Tisch stellst, muss fertig geworden sein. Deine Werkstücke, die du ablieferst. Nichts aber, das du an dir selbst verändern oder erreichen willst. Nichts, das mit dem Sinn und Auftrag deines eigenen inneren Lebens zusammenhängt. Dies alles darf unvollkommen bleiben. Anfänglich und unfertig.

Freilich: Die Spuren deiner Mühe, die du aufwendest, muss es zeigen. Anders wirst du kaum den inneren Frieden finden, aus dem am Ende die Gelassenheit hervorgeht, mit der du deiner Welt und den Menschen begegnest.

⁕

Noch einmal: Es geht um das Einvernehmen unseres Willens mit dem Willen Gottes. Die große Teresa, die spanische Karmeliterin des 16. Jahrhunderts, sagte es so:

»Hier ist mein Leben,
mein Wille, meine Ehre;
alles ist dein, alles gebe ich dir,
verfahre damit nach deinem Wohlgefallen.
Dein Wille geschehe an mir in aller Weise
und jeder Art, wie du, mein Herr, es willst.
Wenn es unter Leiden geschehen soll,
so gib mir Kraft.
Dann mögen sie kommen.
Sind mir Verfolgungen, Krankheiten,
Ehrenkränkungen und Not zugedacht,
hier bin ich;
ich werde mein Gesicht nicht abwenden.
Verfüge über mich, wie du willst.«

Teresa von Ávila, wie wir sie nennen, war wohl gerade durch diese Einübung ins Leiden eine Frau, die als außergewöhnlich aktiv und politisch geschildert wird. Wer an den Notständen um sich her nicht vorbeidenkt, wer eingreift, wo Eingreifen nötig ist, wer die Stimme erhebt, wo über offenkundiges Unrecht zu reden ist, der wird eine solche Einübung ins Leiden brauchen und eine solche Bejahung des Schicksals, die ihm daraus erwächst, denn er wird einsam sein. Das Unverstehen wird ihn umgeben. Er wird anders sein müssen, als man ist. Und nie wird ihm irgendein geltendes Recht oder eine Zeitmeinung Grenzen setzen können.

Auch die Worte von zwei Jesuiten aus dem Widerstand gegen die Diktatur Adolf Hitlers drücken dies aus.

Das eine hat Alfred Delp geschrieben:

»Der Sinn meines Lebens war nicht,
volle Frucht zu bringen,
Entfaltung, Blüte, Reife zu sehen;
der Sinn des Lebens war Saat,
Saatkorn sein,
eingesenkt werden in den Acker der Zeit
und der Geschichte
und da das Schicksal
des Saatkorns erleiden.
Des Weizenkorns, von dem der Herr sagt:
Wenn es nicht vergraben wird
und stirbt und vergeht,
bringt es keine Frucht.
Um das eine will ich mich bemühen:
wenigstens als fruchtbares,
gesundes Saatgut
in die Erde zu fallen und in Gottes Hand.«

Das andere stammt aus der Feder von Rupert Mayer:

»Herr, wie du willst, soll mir geschehn,
und wie du willst, so will ich gehn;
hilf deinen Willen nur verstehn!

Herr, wann du willst, dann ist es Zeit;
und wann du willst, bin ich bereit,
heut und in alle Ewigkeit.

Herr, was du willst, das nehm ich hin,
und was du willst, ist mir Gewinn;
genug, dass ich dein Eigen bin.

Herr, weil du's willst, drum ist es gut;
und weil du's willst, drum hab ich Mut.
Mein Herz in deinen Händen ruht.«

Als Jesus sich zuletzt von seinen Jüngern verabschiedete, entließ er sie auf ihren eigenen Weg. Er hinterließ ihnen zugleich seine Kraft und seine Weisungen. Er gab ihnen seinen Geist und seinen Frieden, indem er sie segnete:

»Ich gebe euch meinen Frieden.
Der aber ist anders, als was man sonst
unter Menschen darunter versteht.
Euer Herz erschrecke nicht
und fürchte sich nicht.«
Johannes 14,27

Der Friede, den er stiftet, schenkt uns die Kraft, nach außen zu wirken und in uns selbst gelassen zu werden.

Alle Mühe zur Ruhe bringen

Ist uns dieser Gleichklang mit dem Willen Gottes einmal, vielleicht nur an einem einzigen Punkt, gelungen, so empfinden wir, wie unser Leben insgesamt eine Erleichterung erfährt und eine Art schwebender Leichtigkeit gewinnt. Die Weise, wie wir sie empfangen, wie sie uns zukommt, nennen wir die »Gnade«. Wenn es uns gelingt, in irgendeiner Frage unseren Willen hinzugeben, dann spüren wir den Sinn dieses Wortes.

Gnade, lateinisch »gratia«, hat mit Grazie zu tun, und wie das entsprechende griechische Wort, »cháris«, bedeutet es wörtlich auch Freude, Wohlgefallen, Liebreiz, auch Freundlichkeit,

Wohltat, Geschenk. Es heißt auch Dankbarkeit. All das schwingt in diesem Wort mit. Gnade ist ein Ausdruck für alles, was wir nicht selbst machen oder bewirken können, auch nicht an uns selbst. Ein Ausdruck für das, was geschenkt und empfangen werden muss. Wo es aber zu uns kommt, da gelingt das Dasein. Da geschieht Heilung, Ermutigung, Aufrichtung, Befreiung und Wandlung. Da lohnt sich die Mühe. Da kann das Leben bestanden werden.

Man misst einen Christen im Alltag gern an dem, was er tut. Dem Evangelium angemessener freilich ist oftmals ein Maß, das ihn prüft an dem, was er – obwohl es vielleicht gut begründbar wäre – nicht tut, was er unterlässt. Eine christliche Anleitung zum Leben hat die Aufgabe, vor allem auch vom Lassen zu sprechen, vom Aufhören, nachdem vieles getan ist.

Wir müssen einmal als etwas ganz Erstaunliches verstanden haben, dass in der Schöpfungsgeschichte der Bibel nach allem dynamischen Geschehen, von dem sie berichtet, plötzlich vom Aufhören aller Bewegung die Rede ist: vom Sabbat. »Sabbat« heißt auf Deutsch sehr einfach: aufhören, abbrechen, nichts tun, alle Viere von sich strecken. Nichts geht am Sabbat weiter, nichts findet statt. Der Ruhetag und das Nichtstun sind ein elementares Merkmal für den jüdischen wie auch den christlichen Glauben. Der Sabbat ist eine der ganz großen Entdeckungen der Religionsgeschichte: ein Tag, an dem ursprünglich keine religiöse Pflicht zu erfüllen war, außer der einen – aufzuhören.

Die Bibel sagt: Gott schafft. Und Gott ruht. Gott ist. Er ist auch der, der nichts tut. Sehr zu unserem Ärger oft genug. Der Mensch aber, der für Gott in dieser sichtbaren Welt das Zeichen sein soll, soll wie Gott ruhen können. Die Arbeit hat einen begrenzten Sinn. Auch der Kampf ums Überleben, die Selbsterhaltung, die Selbstdurchsetzung sind in Grenzen sinnvoll. Danach aber geht es um Freiheit. Ums Sein. Und ums Lassen. Je mehr dieses Lassen Raum gewinnt, umso größer wird die Freiheit in der Welt. Sein Sinn und Ziel ist, dass wir beginnen, jede Art Herrschaft von Pflichten, Werten oder Vorschriften hinter uns zu lassen und nicht unbedingt jede gebotene Möglichkeiten des Handelns auszunutzen, damit wir freiere Menschen werden. Im Lauf der Jahre werden wir, wenn sie uns geschenkt wird, jene Altersweisheit gewinnen, deren Kraft im Lassen besteht und die als die viel gesuchte Gelassenheit auch nach außen tritt.

*

Wer mit seinem Leben einigermaßen ernsthaft umgeht, wird immer versuchen, etwas Lohnendes aus sich zu machen. Sich zu verwirklichen in die Gestalt irgendeines Zielbilds hinein, das in ihm angelegt ist. Etwas zu werden, vor dem er etwas wie Selbstachtung haben kann. Er wird in dieses Zielbild viel investieren an Arbeit, an Leistung, auch an Verzicht. Das ist gut so. Aber vielleicht kommt er zur Mitte des Lebens an einen Punkt, an dem diese Zielgestalt ihm weniger wichtig wird. Mir selbst ging es so, dass irgendwann in mir ein andersartiger Wunsch erwachte: Eigentlich wäre es schön, an die Stelle dieser Bemühung träte etwas anderes, Größeres. Es könnte mehr Raum entstehen in dem engen Gehäuse, das ich bin. Es könnte zum Beispiel an Stelle des eigenen Ich ein Wir treten, in dem alles Raum hat, was die Welt füllt. Es könnte an die Stelle des eigenen, schmalen Willens ein anderer, überlegener Wille treten. Es könnte in mir eine größere Fülle von Gedanken lebendig werden, die ihre Gültigkeit auch behielten, wenn ich einmal nicht mehr bin. Ich könnte mehr werden, als ich zur Stunde weiß, und könnte dann vielleicht auch angstfreier leben. Viel von meiner Durchsetzungskraft könnte sich in Mitwirkung verwandeln und ich könnte ablassen von der hoffnungslosen Bemühung, mich selbst in einen erwünschten Zustand zu bringen.

Damals zeigte mir die spirituelle Überlieferung den Gedanken des Ent-werdens, der den Sinn hat, die Fähigkeit in mir zu fördern, mich mit allem – mit der Welt, mit Gott, mit dem Schicksal und dem eigenen Tod, aber auch mit allem Sinnlosen und Bösen – freundlich zu verbinden, indem die Bindung an das eigene, vermeintlich so wichtige Ich lockerer wird oder ganz aufgelöst ist. Ihr Ziel ist die Freiheit von Angst. Denn Angst werde ich immer so viel haben, wie ich mir selbst wichtig bin.

Einer drückte es so aus:

> »Werde still!
> Geh den Weg des Schweigens,
> bis du nicht mehr bist.
> Wenn du nicht mehr bist,
> wirst du ganz Rühmung sein,
> ganz Anbetung.«

Ein anderer so:

»Dieses mein Ich, o Gott,
steht zwischen dir und mir.
Entferne, o Gott, in deiner Güte
dieses Ich aus unserer Mitte.«

Und Johann Gottfried Herder:

»Verlass dein Ich.
Dich selbst verliere nie.«

Als ich diesen Weg versuchte, begann sich in mir mein Bild von Gott zu verändern, denn ich verstand: Solange ich auf meinem eigenen Ich bestehe, wird Gott mir als ein zweites Ich gegenüberstehen. Fremd. Anders. In dem Maß, in dem mir mein Ich entbehrlich wird, wird Gott, wie Meister Eckhart sagt, in mich hereinrücken, »hereinfließen« als der Nahe und Vertraute. Ich werde mich ihm überlassen können, und vor allem: In dem Maß, in dem Gott nicht mehr nur mir gegenüber ist, sondern auch in mir selbst, werde ich einmal im Frieden in ihn hineinsterben können.

*

Mit der Wichtigkeit oder Unwichtigkeit dieses »Ich« hängt auch zusammen, wie ich umgehe mit dem, was mir als Wahrheit gilt. Solange ich selbst in meinem Mittelpunkt stehe, werde ich nur was mir selbst als Wahrheit erscheint, für die einzige, gültige Wahrheit halten. Wo hat aber die Wahrheit ihren Ort? Ich denke: doch wohl in Gott allein. Was wir Menschen haben, sind Gedanken, sind Erfahrungen, die wir mit unseren Gedanken machen, Deutungen, die wir versuchen aus dem, was uns gesagt wird. Vielleicht treffen sie zu. Vielleicht werden sie dem, was wir glauben, gerecht.

Auch alles, was wir über den christlichen Glauben sagen, ist Deutung dessen, was wir gehört haben. Ist das so, und lassen wir die volle Wahrheit dort, wo sie ihren Ort hat, nämlich in Gott, so gewinnen wir – und das ist das Schöne daran – die Freiheit, über all das, was uns »Wahrheit« zu sein scheint, völlig entspannt miteinander zu diskutieren. Wir brauchen nichts mit fanatischem Eifer zu vertreten. Wir brauchen nicht alles zu wissen. Wir brauchen nichts zu beweisen. Wir setzen uns mit anderen Christen in die Tischrunde, genannt Kirche, essen miteinander, reden miteinander und lassen dabei die besonderen Gedanken und Erfahrungen jedes anderen gelten, solange er an ihnen festhalten will. Denn niemand kann auf gleiche Art glauben wie ein anderer oder genau das Gleiche glauben wie er.

Wir erfahren ohnedies in allen Dingen – nicht nur in denen des Glaubens – viel mehr, als wir verstehen und erklären können. Der Streit um die Wahrheit in jeder Form von Rechthaberei darf enden. Gelassenheit äußert sich auch im freundlichen Geltenlassen des fremden Glaubens. Die Meinung, wir wüssten eindeutig, was gut und böse sei, darf abgelegt werden. Wir sind es ja nicht, die die Menschen in Ordnung zu bringen haben, sondern wir sollen sie nur begleiten und ihnen beistehen, und hierfür sind wir allenfalls Werkzeuge. Was ein Werkzeug aber wert ist, beurteilt nicht das Werkzeug selbst, sondern die Hand, die es hält.

*

Wir sagen immer einmal, wir müssten uns auf etwas »verlassen« können. Das Wort ist seltsam: »sich verlassen«. Von sich weggehen. Das eigene Haus verlassen, in dem man sich sichert. Das Wort meint: Du gelangst erst auf festen Grund, wenn du dich selbst verlässt. Jesus sagt: Du darfst dein Leben nicht nur als dein eigenes Haus bewohnen wollen, wenn du dich gewinnen willst. Verlasse dich wie einer, der eine Stube verlässt. Verlasse dich dann auf den festen Grund, auf dem du stehst: Das ist die Güte und Weisheit Gottes.

Der Mensch findet so, auf dem Boden des Verlässlichen, die Gelassenheit, von der die Weisen aller Zeiten gesprochen haben. Sie ist also eine Art anhaltender Geistesgegenwart: der Gegenwart des Geistes Gottes in uns. Sie ist dabei auch anhaltende Heiterkeit. Und wenn sie die Gelassenheit von Christen ist, dann bezieht sie ihre Kraft aus ihrer Hoffnung, ihrer Gewissheit und, vor allem, ihrer Bescheidung.

*

Mit wachsender Gelassenheit werden wir auch mit all unseren Fehlern und Schwächen gelassener umgehen, auch mit dem Rückblick auf all die Folgen unserer Fehler und Schwächen. Ein solcher Rückblick kann auch eine schon gewonnene Gelassenheit sehr aus dem Gleichgewicht bringen. Was hat denn einen Sinn gehabt von dem, was ich in all den Jahren getan habe? Was ist dabei herausgekommen? Was ist aus mir geworden? Was bleibt an Schuld und Versäumen und Versagen? Wer im Lauf seines Lebens nie an diese Art Fragen gerät, dem fehlt etwas. Denn sie alle sind Fragen, die nicht wir selbst stellen, die vielmehr an uns gerichtet sind und die wir beantworten müssen. Eine Lässigkeit, sich um Antworten herumzudrücken, hat mit Gelassenheit wenig zu tun.

Denen, die von solchen Fragen verfolgt werden, empfiehlt Johannes Tauler, der Straßburger Dominikanermönch des 14. Jahrhunderts, sich selbst nicht allzu wichtig zu nehmen:

»Das Pferd macht den Mist im Stalle,
und obgleich der Mist einen Unflat
und Stank an sich hat,
so zieht dasselbe Pferd doch den Mist
mit großer Mühe auf das Feld,
und dann wächst daraus edler,

schöner Weizen
und der edle, süße Wein,
der nie so wüchse, wäre der Mist nicht da.
Also trage deinen Mist
– das sind deine eigenen Gebrechen,
die du nicht abtun und ablegen
noch überwinden kannst, –
mit Müh und mit Fleiß
auf den Acker des liebreichen
Willens Gottes
in rechter Gelassenheit deiner selbst.«

*

Wir werden zuletzt auch mit alldem gelassen umgehen lernen, das unserem Nachdenken verborgen ist. Es gibt Fragen, auf die es keine Antwort gibt und auf die wir doch unsere Antwort nicht schuldig zu bleiben brauchen. Wir lassen sie ruhen, solange uns eine Antwort nicht gelingt.

Es gibt Anreden an uns, die fast unhörbar ergehen, uns aber unüberhörbar gelten. Und falls wir sie überhören, vertrauen wir darauf, dass sie noch einmal ergehen.

Es gibt Dinge, über die wir nichts sagen können, und dennoch braucht unser Leben und Tun nicht über sie zu schweigen. Wenn wir über sie zu verschiedenen Zeiten des Lebens verschieden reden, tun wir etwas, das uns erlaubt ist.

Wir sehen Gott nicht. Aber wir dürfen ihn in unserem Leben ersichtlich machen. Und wenn uns das nicht gelingen will, darf uns doch genügen, dass Gott uns und unser Leben sieht.

Dass es Gott selbst ist, der uns festhält in all diesen schweren Grenzfragen, die uns zu zerreißen drohen, das ist der feste, unverrückbare Grund, auf dem unsere Gelassenheit ruht.

Die Zeichen des Friedens

Die Quelle der Gelassenheit ist der Friede, den Gott uns gibt, und sichtbarstes Zeichen dieses Friedens ist, was wir zu lassen vermögen. Jesus spricht oft davon und man kann im Grunde fast alles, was er uns in seinen Geschichten und in seinen Weisungen nahelegt, als Hilfe dazu verstehen, etwas Bestimmtes zu »lassen«.

So sagt er:

> Du bist gejagt von deiner Sorge.
> Lege sie weg. Lass sie. Vertraue.
>
> Du fürchtest dich, den Kürzeren zu ziehen.
> Lass deine Angst, sagt Jesus. Zieh ihn.

Du hast Angst, dass dir etwas entgeht.
Lass das. Lass es dir entgehen.

Du willst siegen. Warum? Lass es.
Gib dem Frieden eine Chance.

Du willst recht haben. Warum?
Gönne den Rechthabern, dass sie recht haben.

Du streitest gegen irgendwelche Feinde.
Lass allen Streit. Du hast keinen Feind.

Du suchst Macht. Warum?
Lebe in Frieden und strahle ihn aus.

Du suchst Ehre und Ansehen. Lass es.
Lass dich missachten.

Du prozessierst, wenn du im Recht bist.
Lass dein Recht fahren. Suche in deinem
Gegner den Bruder.

Du willst dein Wort mit einem Eid sichern.
Warum? Sage schlicht, was wahr ist.

Du willst dich in der Hand haben. Wozu?
Lass dich los.

Du willst etwas darstellen gegenüber den
anderen. Lass das.
Wichtiger ist, dass du deine eigene,
dir zugedachte Gestalt findest.

Man hält dich für unwert. Störe dich nicht
daran. Deinen Wert bestimmt ein anderer.

Du wartest auf Lohn. Lass das.
Dein Lohn ist bei Gott in guten Händen.

Du fragst nach dem Sinn deines Lebens.
Lass das. Liebe und tu, was dir Recht scheint.

Du wirst für einen Träumer gehalten.
Störe dich nicht daran.
Du hast die Zukunft auf deiner Seite.

Das Besondere einer christlichen Lebenskunde ist dieses durchgehende »Lass es! Es ist unnötig! Sei, was du bist! Sei, was Gott in dir sieht!«

Ihre Besonderheit ist, dass das Tun von Christen durch freie, gelassene Menschen geschieht.

*

Sören Kierkegaard schreibt einmal:

»Wir bekommen es im Gewimmel
der Menschen
so schwer zu wissen,
und wenn wir es erkannt haben,
vergessen wir es so leicht:
Was es hieße, ein Mensch zu sein
und zu tun, was Gott von uns erwartet.
Lernen wir es doch von Lilie und Vogel
und lernen wir es immer wieder,
wenn wir es vergessen haben.
Vielleicht nicht auf einmal,
aber doch nach und nach.
Denn das wäre von Lilie und Vogel
zu lernen:
Still sein. Einwilligen. Sich freuen.«

Und das ist, so meine Erfahrung, öfter möglich, als wir zunächst meinen. Wir können dabei, eins ums andere Mal, eine einfache Weisheit lernen, die sagt:

Für alles danken.
So meidet man die Bitterkeit.

Verzeihen, ohne Aufhebens davon zu machen.
So wird immer wieder
ein neuer Anfang möglich.

Immer weniger mit Gewalt tun
und immer mehr
durch Freundlichkeit und Geduld.

Immer weniger hassen und ablehnen.
Sich an immer mehr mitfreuen.

Immer weniger fordern.
Immer weniger verweigern.

Prinzipien als unwichtig erkennen und
verstehen, dass ein wenig Barmherzigkeit
alles verändert.

Es kommt nicht darauf an, was wir leisten.
Zuletzt geht es um Einsicht und Liebeskraft.

*

Wir gehen also unseren Weg erwartungsvoll, geführt und getröstet. Unsere Aufgabe ist, zu tragen, zu führen und selbst zu trösten. Uns ist damit eine Vollmacht anvertraut, die größer und wichtiger ist als wir selbst: die Vollmacht zu segnen.

»Ich will dich segnen – und du sollst ein Segen sein.« Das und nicht weniger sagt Gott in der alten Geschichte dem großen Wanderer Abraham und wir nehmen das Wort auf, denn es beschreibt den letzten Sinn des Menschenlebens: Wir sind gesegnet. Wir haben Kräfte, etwas zu tun. Wir haben Worte, etwas zu sagen. Und mit dem, was wir tun und was wir sagen, geben wir weiter, was Gott uns gibt: seinen Segen. Wir haben die Stimme, ihn auszusprechen. Wir haben die Hand, ihn weiterzugeben, zu sagen: Gott segnet dich. Nimm es an und geh deinen Weg mit Vertrauen.

Dabei geh ihn ohne Lärmen, geh ihn, wie es einem gelungen ist, der in Psalm 131 sagt:

> »Mein Herz, o Gott,
> will nicht Ansehen, nicht Macht.
> Ich schaue nicht nach Ruhm aus
> und nicht nach Reichtum.
>
> Ich gehe nicht mit großen Plänen um
> und nicht mit Träumen über große Dinge.
> Sie sind zu wunderbar für meinen Geist.
> Ich taste dein Geheimnis nicht an.
>
> Mein Herz ist still
> und Frieden ist in meiner Seele.
> Wie ein gestilltes Kind bin ich,
> das bei seiner Mutter schläft.
> Wie ein gesättigtes Kind,
> so ist meine Seele still in mir.«

Der Psalmendichter sagt damit: Ich will nichts. Ich plane nichts. Ich eile nicht. Ich bin gegenwärtig im gegenwärtigen Gott. Ich ruhe in der Ruhe Gottes. Was durch mich geschehen soll, kommt aus seiner Kraft. Gott ist alles. Er ist alles auch in mir. Das ist genug. Und damit ist alles gut.